LE MODÈLE FRANÇAIS

GRANDEUR ET DÉCADENCE

DU MÊME AUTEUR
(Extrait)

Les Mille Sentiers de l'avenir, Seghers, 1981
Soirs et Lendemains de fêtes. Journal d'un homme tranquille, Laffont, 1984
La Fin des habitudes (avec Michel Godet), Seghers, 1985
Éducation et Société. Les défis de l'an 2000, La Découverte-*Le Monde de l'éducation*, 1988.
Vérités et Mensonges sur le chômage, Odile Jacob, 1995 et collection « OPUS », 1997

JACQUES LESOURNE

LE MODÈLE FRANÇAIS

GRANDEUR ET DÉCADENCE

EDITIONS ODILE JACOB

15, RUE SOUFFLOT, 75005 PARIS
INTERNET : http://www.odilejacob.fr

ISBN : 2-7381-0614-5

À Odile

REMERCIEMENTS

L'auteur exprime sa reconnaissance à Sophie Bernier, qui a pris en charge la frappe et la mise au point de ce livre avec diligence et efficacité. Il tient aussi à remercier les quelques amis auxquels il avait soumis le manuscrit et dont les remarques lui ont été fort utiles.

Introduction

UNE FRANCE MALADE

Que de fois au cours de la dernière décennie j'ai eu la tentation d'écrire un *Retour aux années 30*. Non que je crois possible d'établir point par point un parallèle entre notre aujourd'hui et cet hier, mais parce que des deux périodes émane la même impression d'aveuglement, de surdité et de déclin.

La France est mal dans son être. Comme le dormeur qui se tourne et se retourne dans son lit dans l'espoir de trouver une position meilleure, elle vote, sans conviction, tantôt à gauche tantôt à droite et ne trouve dans le changement qu'un éphémère répit. La cote des politiques et des élites est à son niveau le plus bas depuis cinquante ans. La mondialisation inquiète. L'Europe fait peur. Le chômage ronge.

Impossible de trouver une catégorie sociale ou une classe d'âge satisfaite.

Les jeunes s'interrogent sur leur avenir. Les retraités craignent pour leurs pensions. Les adultes sont persuadés que leurs enfants auront une existence plus dure que la leur. Les agriculteurs se désespèrent de la mise en jachère des terres. Les médecins s'attendent à la mort de la médecine libérale. Les fonctionnaires tremblent pour leur statut. Les enseignants se considèrent comme des mal-aimés. Les ouvriers vivent dans la hantise des licenciements. Les étudiants se plaignent du manque de locaux et de débouchés. Les jeunes beurs craignent que la France ne devienne raciste. Même les chefs d'entreprise ont du vague à l'âme car ils se sentent plus contestés que leurs confrères des pays développés.

L'immigration, l'insécurité, l'envahissement culturel, le dumping du monde en développement sont devenus des thèmes sur lesquels prospèrent les mousses vénéneuses du Front national.

D'où vient cette crise qu'aucune autre société économiquement développée ne connaît à un tel degré ? N'avons-nous pas l'un des revenus par tête les plus élevés du monde ? Ne connaissons-nous pas en moyenne une qualité de vie que la plupart des pays nous envient ? Le chômage est certes une lèpre, mais les chômeurs dans leur quasi-totalité ne meurent ni de faim ni de froid. Aucune menace extérieure n'est à court terme dangereuse. Aussi dure que soit l'épidémie de sida, elle commence à être maîtrisée.

Faut-il incriminer la fin des idéologies porteuses d'espoir ? Le marxisme dont la vulgate expliquait tout et annonçait des lendemains qui chantent, les fascismes qui encensaient la nation, l'ordre et la race, la démocratie parlementaire qui s'accrochait à la tolérance, aux droits de l'homme et à la liberté ? Le marxisme est mort, non sans laisser en France bien des regrets. Les fascismes ont disparu et leurs métastases lepeniennes ne sont porteuses que d'un message de peur. La démocratie parlementaire a perdu sa saveur du jour où elle a triomphé. Certes, l'affadissement des dogmes prive les Français d'explications et de remèdes. Mais il pourrait aussi les libérer de fois illusoires où la conformité au credo l'emporte sur l'analyse de la réalité.

Faut-il, au contraire, mettre en cause la permanence des idéologies, ces idéologies édulcorées qu'incarnent les chantres du marché, les trompettistes du service public, les jacobins de tous poils, les héritiers de la révolution nationale de 1941 ? Ce serait non pas le consensus mou mais la permanence des vieilles divisions qui serait à l'origine du mal français.

Je ne le crois pas. Ma conviction est maintenant faite. L'état dépressif de notre sentiment vient de notre sentiment que nos problèmes sont insolubles. Insolubles parce que nous n'en comprenons pas la genèse et que nous sommes incapables de déchiffrer le présent. La crise française est une crise d'intelligibilité. Aussi ne faut-il pas s'étonner si les discours des politiques relèvent de l'incantation, si les syndicalistes n'ont à la bouche que le mot de préserver, si certains militants de gauche ressassent leurs vieilles lunes, si les intellectuels se réfugient dans le mutisme, si l'extrême-droite retrouve des thèmes d'hier.

À chacun d'approuver ou de rejeter le diagnostic de ce livre. Il est très simple. La société française ne parvient pas à intérioriser plusieurs phénomènes sans la compréhension desquels elle n'a aucune chance de reprendre la maîtrise de son avenir.

Le passage d'une société industrielle à une société

d'information constitue une évolution aussi radicale que le remplacement, il y a bientôt deux siècles, de la société agricole par la société industrielle. Depuis son origine, l'aventure humaine a été en effet pour une part conditionnée par les techniques dont disposaient les générations successives. Avec l'émergence des techniques de l'information une nouvelle forme de société commence à apparaître. Certes, une société ne se réduit pas à son dénominatif agricole ou industriel, un tel regard n'est que partiel, il n'épuise pas la totalité du réel. Mais on sous-estime grandement les conséquences presque mécaniques de ces technologies qui ont commencé à se développer depuis plus de cent ans – le cinéma, le téléphone, la radio, la télévision, l'ordinateur, le robot... Tenter de décrire la société d'information suppose de garder la tête froide et de n'écouter ni les chantres du conservatisme pour qui l'ordinateur par exemple n'est qu'une machine banale, ni les ténors de la révolution qui annoncent la fin du travail et la saturation des besoins. Aucune de ces deux attitudes ne perçoit l'essentiel : l'ampleur des transformations techniques, économiques, sociales et politiques qui nous attendent. Des transformations déjà amorcées mais dont la plupart d'entre nous ne comprennent pas le lien avec les techniques de l'information.

C'est dès le début de ce livre qu'il faut identifier les forces invisibles qui œuvrent au remplacement de la société industrielle par une société d'information. Loin de moi l'idée de reproduire les récits d'anticipation sur les cybermondes que nous offrent l'édition, la presse et la télévision. Ces récits, en braquant le projecteur sur les promesses techniques à venir, détournent l'attention de l'essentiel, c'est-à-dire les conséquences probables de ces évolutions sur la structure et le fonctionnement de la société.

Un autre phénomène fréquemment évoqué mais insuffisamment compris est celui de la *mondialisation*. Elle est à l'œuvre depuis l'aube de l'histoire, lorsque des hommes venus d'Asie ont peuplé les Amériques, ou plus tard lorsque des nomades indo-européens ont répandu leur langue de la Gaule au Deccan. Plus près de nous, elle resurgit avec l'apparition du commerce mondial grâce aux Portugais, aux Espagnols, aux Hollandais, aux Anglais. Le monde de 1914 est sillonné de cargos qui, de ports charbonniers en ports charbonniers, bourlinguent autour du globe. Mais il faut encore des mois pour aller de Londres à Yokohama et la presse quotidienne donne les nouvelles avec un jour de retard. Qui ne sait qu'aujourd'hui la mondialisation permet de voir en direct les révolutions africaines, de connaître dans l'instant les cours de la bourse de Tokyo, d'équiper nos appartements de meubles coréens ou chinois. Mais là encore, l'étonnant, j'allais écrire le fantastique, ne doit pas rejeter dans l'ombre la substance, c'est-à-dire la compréhension de l'influence de la mondialisation, aujourd'hui et demain, sur la société française. Sans cette compréhension, comment échapper aux deux attitudes, aussi excessives et irréalistes l'une que l'autre, qui ont cours en cette fin de siècle : celle d'un Astérix sans potion qui croit pouvoir gérer son village comme autrefois en faisant la nique à l'univers, et celle de l'élève soumis qui, tel un mouton de Panurge, croit qu'il n'a d'autre ressource que de suivre passivement ses confrères. Aussi faudra-t-il passer en revue les composantes de la mondialisation actuelle et analyser ce qu'elles signifient pour la France.

Mais, diront certains lecteurs, mondialisation et société d'information ne sont pas des particularités françaises. L'Allemagne, l'Italie, le Royaume-Uni, le Canada doivent aussi être frappés. Pourquoi notre pays vit-il plus mal que d'autres ces transformations ? Pourquoi, sur le plan des difficultés, est-il la lanterne rouge d'une Europe elle-même plus atteinte que l'Amérique du Nord ? Voilà un autre sujet d'incompréhension : l'incompréhension des spécificités de la *crise du modèle français*.

Contrairement aux États-Unis, l'Europe a vécu la révolution industrielle, partie d'Angleterre à la fin du XVIIIe siècle, comme une déchirure de son tissu social. Elle n'en a cicatrisé les plaies qu'après la Seconde Guerre mondiale, par un mélange de marché, d'État-protecteur et de négociation sociale. Mais, même si, vus de Sirius, les pays européens se ressemblent, chacun a néanmoins construit un modèle socio-économique qui lui est propre. La solution française a été élaborée dans les années qui ont suivi 1945. Elle s'est faite autour de l'État, qui a été historiquement le rassembleur de la nation. Sous forme d'un compromis entre marxistes et démocrates-chrétiens. Par la présence d'un vaste secteur public, par le contrôle du marché des capitaux, par la réglementation du marché du travail, l'État s'est instauré le régulateur de l'économie française, tout en ayant la sagesse de laisser une large initiative aux entreprises privées.

Pendant trente ans, la France a été, sur le plan économique, une Union soviétique qui a réussi. À cause des traditions d'efficacité de l'administration française. À cause du pragmatisme d'un capitalisme d'État qui s'est contenté de contrôler les centres nerveux. Il est indispensable de comprendre la nature de ce modèle et les raisons qui ont fait son succès.

Mais, de même que le système économique soviétique s'est révélé incapable de s'adapter à une économie de consommation, l'économie française peine à s'adapter à la mondialisation et à la société d'information. La France est malade dans ce qu'elle a de plus précieux, l'État et le système de régulation dont il est le centre. C'est ce sujet qui constitue à l'évidence le noyau de ce livre. Que l'on ne s'attende pas à trouver dans ce texte la hargne d'un libéral. Haut fonctionnaire, j'ai travaillé dans le secteur public ou en étroite relation avec lui pendant une grande partie de ma carrière. Longtemps fer de lance de notre pays, il en est maintenant l'un des problèmes. Ma conviction est que les Français ne retrouveront pas l'espoir tant qu'il n'auront pas compris pourquoi leur modèle économique et social, cette réussite des Trente Glorieuses, doit être reconstruit. Autour des mêmes valeurs, mais sur d'autres bases.

Une dernière incompréhension française porte sur la *démographie*. Certes, les grandes tendances ne sont pas spécifiques à la France, mais l'opinion de notre pays les perçoit sous des couleurs particulières. Elle ne se préoccupe guère du vieillissement de la population qui lui semble un événement lointain, pensant comme Louis XV « Après moi, le déluge » alors que les premiers effets se font déjà sentir. Elle s'inquiète en revanche de l'immigration récente, convaincue que les Maghrébins resteront inassimilables et constitueront une menace pour l'homogénéité ethnique française. Mais quiconque exprime le vœu d'une remontée de la fécondité est immédiatement perçu comme un ennemi de la liberté de procréation des femmes. Il faudra aborder ces questions sans passion, en s'en tenant aux données les plus sûres et aux perspectives les plus vraisemblables.

Que peut devenir cette France que guette le vieillissement et qui peine à s'adapter à la mondialisation et à la société d'information parce qu'elle intériorise un modèle qui a eu sa grandeur mais contribue aujourd'hui à son déclin ? C'est à elle de répondre. Elle a devant elle plusieurs voies : elle peut choisir la continuité et s'enfoncer de plus en plus dans ses contradictions ; elle peut, sous l'influence d'une minorité combattante, se réveiller thatcherienne et sacrifier la justice sociale sur l'autel de l'efficacité ; elle peut enfin opter pour un aggiornamento solidaire, un nouveau compromis entre l'État et le marché. La première voie mène au drame, la seconde à une société plus inégalitaire. La troisième n'a de chance que si nous commençons par comprendre la réalité de notre situation. L'avenir n'est mort que dans nos têtes. À nous de le ressusciter. Point n'est besoin pour cela de sacrifier nos valeurs. Au contraire il faut les proclamer, elles sont intemporelles, mais malheur à nous si nous voulons y être fidèles en nous accrochant à des instruments archaïques ne tenant pas compte de l'environnement en devenir. Elles seront alors englouties dans le déclin. L'honneur des hommes politiques au seuil du XXIe siècle sera de concevoir et de faire approuver les réformes qui permettront l'adaptation de la société française au monde qui l'entoure. Cet ouvrage n'a nullement pour objet d'élaborer un programme. Car il y a plus urgent : formuler le diagnostic dont doit tenir compte toute politique qui se veut réaliste.

Un rappel historique pour éclairer ce propos : en 1940, l'armée française disposait de presque autant de chars que la Wehrmacht, mais nos généraux n'avaient rien compris aux conditions de leur emploi. La faillite était dans les têtes.

Chapitre premier

UN TREMBLEMENT DE TERRE : LA SOCIÉTÉ D'INFORMATION[1]

Des sociétés de chasse et de cueillette aux sociétés industrielles en passant par les sociétés agricoles, l'histoire de l'humanité a été pour une part conditionnée par les techniques disponibles. Avec l'émergence des techniques de l'information, une quatrième forme de société est en train d'apparaître. Mais cette affirmation conduirait à un grave malentendu si l'on ne rappelait pas d'emblée que chaque type de société contient des éléments provenant des autres : l'épanouissement de l'agriculture permet le développement de la ville et l'essor de cette forme d'industrie qu'est l'artisanat ; la société industrielle renforce le secteur agricole au point d'éradiquer les famines ; la société d'information ne fera pas disparaître l'industrie et l'agriculture, elle les englobera dans un tissu productif plus vaste et plus diversifié.

Une société ne se réduit pas non plus aux

1. Ce chapitre s'inspire de mon article « Penser la société d'information », paru dans *Commentaire*, 7, printemps 1997.

nécessités qu'impose son système technique. D'autres déterminismes (économiques, sociaux, culturels...), le hasard des découvertes ou de l'apparition de personnalités exceptionnelles, les projets poursuivis par des groupes sociaux contribuent aussi à la construction du futur. Il n'en est pas moins utile d'extraire de la complexité du social les éléments qui, sous un certain éclairage, sont commandés par les techniques dominantes.

N'ayez crainte, lecteurs, je ne vais vous parler ni d'Internet, ni de personnages virtuels, ni de cybermondes, ni de PCs, ni de CD-Roms. Peu m'importe que vous connaissiez tout cela par cœur ou n'en ayez qu'une vague teinture. Je me situe à un autre niveau.

Les techniques de l'information

Qu'ont en commun le cinéma, le télégraphe, le téléphone, la radio, la télévision, l'ordinateur, le robot, ces éléments qui sont successivement apparus depuis plus de cent ans ? La réponse est connue : ils transmettent une information passée ou lointaine, lui font éventuellement subir des transformations et la délivrent à un acteur ou s'en servent pour agir eux-mêmes. Depuis peu de temps, cette information, quelle qu'elle soit, peut être codée, stockée sous la forme d'une succession de 0 et de 1. De ce point de vue, une séquence de cinéma, une page de livre, une composition musicale, le résultat d'un calcul, une forme à découper dans une pièce de métal sont équivalents.

Qu'apportent à l'homme ces innovations par rapport aux innovations précédentes : le langage, l'écrit, l'outil et la machine mue par une source d'énergie ? Le langage permettait de coder l'information sous la forme de sons, l'écrit de la stocker, et tous les deux de la transmettre à une distance proche ou une vitesse lente ; l'outil prolongeait le corps et accroissait l'efficacité de l'énergie humaine tandis que la machine donnait la possibilité d'économiser cette énergie en mettant en œuvre une source extérieure. Inutile de rappeler ici le rôle qu'a joué la machine à vapeur en permettant, à l'aube de la société industrielle, le développement des trains, l'aération et l'exhaure dans les mines, le chauffage des fours dans les usines.

Aujourd'hui, *ce n'est plus la main de l'homme qui reçoit une prothèse mais son cerveau* puisque les calculateurs peuvent déduire, créer, inventer des êtres virtuels dotés d'aptitudes et de préférences, se substituer à l'homme pour de nombreuses décisions. Ils pilotent des avions, accordent des crédits aux particuliers, contrôlent le circuit des pièces dans une usine. Reprenons les mots qui caractérisent la chaîne de leur intervention : collecter, stocker, transmettre, élaborer, agir. Mais, pour chacun d'eux, plusieurs procédés concurrents ou complémentaires existent désormais, faisant appel plus ou moins à l'homme ou à la machine :

— l'information peut être collectée par des capteurs ou par un enquêteur qui délivre un questionnaire ;

— l'information peut être stockée dans un livre, sur un disque compact, dans la mémoire d'un ordinateur, dans le néocortex d'un homme... ;

— l'information peut être transmise par un motocycliste, par le circuit postal, par la radio, par une fibre optique... ;

— l'information peut être élaborée, de manière mécanique ou intelligente, par un calculateur ou par le cerveau d'un pilote ou d'un scientifique ;

— l'information peut commander une action sans intervention humaine, comme le déclenchement d'une machine, ou être utilisée par un opérateur qui décide en dernier ressort en maniant un levier ou en donnant un ordre.

Combinez ces diverses hypothèses et vous constaterez que *le champ des informations mobilisables a été élargi presque à l'infini tandis que l'énorme variété des moyens disponibles multiplie la diversité des solutions possibles*. Redisons-le autrement : grâce aux technologies de l'information, il y a mille manières de réaliser une opération. Je veux transmettre une information à un collaborateur qui habite Lyon ? Je peux prendre l'avion, le train, ma voiture pour le rencontrer. Je peux envoyer une lettre ou une télécopie, lui téléphoner, adresser un message électronique sur son ordinateur, le convoquer à une visioconférence. Je veux écrire un article ? Je peux avoir recours au stylo et au papier et ma secrétaire prendra en charge le manuscrit. Je peux taper sur un écran d'ordinateur qui mettra directement mon texte en forme sur une page de journal. Je veux fabriquer un disjoncteur ? J'ai le choix entre divers niveaux d'automatisation.

L'appareil productif d'une société d'information est comme un mobile de Calder. Il a une multitude d'états d'équilibre.

La transmission lointaine et quasi instantanée d'informations entre de nombreux émetteurs et récepteurs n'est concevable qu'avec l'existence de réseaux interconnectés et gérant eux-mêmes, grâce à des logiciels, les itinéraires de chaque information et les facturations correspondantes. Aux règles d'utilisation imposées par les gestionnaires de l'infrastructure se superposent les conventions implicites ou explicites liant des sous-ensembles d'émetteurs et de récepteurs : chaîne de télévision et ensemble des ménages équipés de téléviseurs capables de recevoir cette chaîne, groupe de scientifiques partageant un carnet commun d'adresses électroniques, rédaction d'un journal et ensemble des abonnés à ce journal. *Les réseaux auront un rôle central dans la société d'information, ce terme désignant à la fois des infrastructures, des règles de gestion de plus en plus automatisées et des modes de relations entre groupes d'acteurs.* Une réalité technique. Une réalité économique. Une réalité sociale. À un extrême la mondovision qui concerne des centaines de millions de personnes. À l'autre extrême, un miniréseau scientifique qui n'intéresse que quelques dizaines de chercheurs répartis sur la planète. Les techniques de l'information sont aussi à l'aise dans l'immense que dans le minuscule.

Le stockage de l'information est bouleversé par l'accroissement des volumes susceptibles d'être stockés, par la multiplicité des formes de stockage, par la possibilité de répartir géographiquement les stocks, par la généralisation des stocks dont l'objet est de donner accès à d'autres stocks. Un logement de demain contiendra bibliothèque, vidéothèque, discothèque, lithographies, photographies, banques de logiciels, tandis que se multiplieront les catalogues (par exemple les CD-Rom permettant de détecter les articles scientifiques susceptibles d'intéresser un chercheur).

Le monde se transforme en musée, mais nul besoin d'aller demain à Rome voir la chapelle Sixtine. Seuls pourront le faire – parmi les dix milliards d'hommes et de femmes – quelques privilégiés. Qu'importe : vous aurez l'illusion d'y avoir été sans quitter Londres, Buenos Aires ou Djakarta grâce à une promenade dans un espace virtuel.

Si la société d'information conserve le passé, elle gaspille aussi le présent. Chaque récepteur reçoit une masse d'informations dont il n'a pas le temps de prendre connaissance et qu'il oublie immédiatement. D'où ce dilemme : il lui faut à la fois trouver l'information pertinente et se protéger contre toutes les informations prêtes à le submerger. Sans informations, il ne peut penser efficacement, avec trop d'informations, il est noyé comme un moteur de voiture.

Mettons dans la besace ce nouveau résultat : *les techniques de l'information contribuent à l'éclosion simultanée du musée et de l'éphémère.*

Dès la naissance de l'écriture, chaque société a eu recours à plusieurs langages (la parole, l'écrit, le dessin, la danse, la peinture...). La révolution technique actuelle ajoute à cette liste de nouveaux langages : les langages d'ordinateur, le cinéma, le dessin animé, l'image virtuelle, et propose de nouveaux supports pour les utiliser. Ainsi, un texte écrit peut être lu sur une feuille de papier ou un écran de télévision.

Mais, d'un même réel, écrit et image extraient des éléments distincts et les organisent différemment. Par sa linéarité le premier fait peu ou prou appel à la logique tandis que le choc visuel de la seconde provoque une réponse affective. L'évolution des relations futures entre les langages constituera demain une dimension de la société d'information. Redisons-le avec d'autres mots : *on assiste à l'émergence d'une double relation de concurrence et de complémentarité d'abord entre les supports (le satellite, la fibre optique...), ensuite entre les langages (l'image animée, la bande dessinée, la phrase écrite en langue courante, la succession d'équations...).*

Un autre thème qui doit attirer l'attention est celui de l'investissement. La généralisation de l'outil a donné naissance à l'artisanat. L'introduction de la machine a engendré l'essor des industries mécaniques et électromécaniques, c'est-à-dire des branches qui produisent des biens d'équipement. Les sociétés humaines sont des sociétés marquées par la croissance de l'investissement, cet investissement que l'économiste définit comme des dépenses présentes consenties en vue de recettes futures.

Les techniques de l'information accentuent doublement ce phénomène : d'une manière triviale, en exigeant la réalisation des équipements nécessaires à leur mise en œuvre ; d'une manière nouvelle, en imposant l'écriture des logiciels indispensables à leur utilisation. À cette nécessité s'ajoute le besoin de développer la recherche, de former le personnel, d'assister les clients. En bref, *les techniques de l'information entraînent une explosion des investissements intellectuels (ou immatériels) sous des formes variées : logiciels correspondant à des niveaux différents de généralité, définition d'organisations et de procédures, formation des individus...*

D'ores et déjà, les investissements immatériels sont estimés en France à plus du tiers de la formation brute de capital fixe (la FBCF de la comptabilité nationale, le concept qui correspond le mieux à la notion d'investissement dans une société industrielle).

Un dernier trait enfin. Soyons pour un instant des adeptes de Spengler[2] et imaginons que chaque culture ait en mathématiques, en sciences, en architecture, etc., des formes d'expression en harmonie avec sa nature profonde. Avec quelque hardiesse, on peut dire que la société industrielle est en symbiose avec la causalité linéaire de la physique et de la chimie classiques. En revanche, la société d'information est en

2. O. SPENGLER, *Der Untergang des Abendlandes*, Munich, C. H. Beck, 1928.

phase avec la pensée systémique qui commence à régner tant dans les sciences de la matière et de la vie que dans les sciences sociales.

Qu'est-ce qu'un système ? Comme toujours, il n'est pas facile de définir une notion fondamentale. Disons, pour être simple, qu'un système est un ensemble d'éléments liés par un ensemble de relations. Rien de plus facile que de trouver des exemples : un gaz, une cellule, un ordinateur, un dinosaure, le foie, un homme, une entreprise, une agglomération urbaine, un pays, le « système nerveux », l'économie nationale... L'intérêt de cette notion vient de la lente montée qui permet, marche après marche, avec étonnement mais sans mystère, de passer des systèmes les plus simples aux propriétés pauvres aux systèmes les plus complexes qui, dans leur richesse et leur diversité, peuvent apprendre, s'organiser et interférer.

De ce point de vue, les systèmes d'information, avec leurs architectures variées, leurs traitements centralisés ou distribués, leur répartition de fonctions entre matériels et logiciels, leur caractère ouvert ou fermé, ne sont qu'un cas particulier des systèmes divers sur lesquels raisonneront demain les hommes de connaissance ou de décision.

D'où cette dernière constatation : *les techniques de l'information s'insèrent dans une révolution culturelle, celle de l'émergence de la pensée systémique.*

À l'issue de cette analyse, on comprend mieux la typologie des innovations techniques proposée par C. Freeman et son équipe. Ils distinguent, en fonction de l'ampleur de leur impact social, quatre catégories d'innovations.

Les *innovations marginales* améliorent les procédés de production existants : ainsi, en accroissant la puissance des groupes d'une centrale thermique de 25 à 100 MW ou de 100 à 250 MW, on diminue la consommation d'énergie par kWh produit et le prix de revient de ce kWh. Il en a été de même pendant longtemps de l'augmentation de la taille des hauts-fourneaux, du tonnage des pétroliers, du voltage du courant à haute tension, etc. Bien qu'elles ne concernent souvent qu'une activité précise, les innovations marginales ont, par leur régularité et leur additivité, des effets considérables sur la croissance de l'économie et sur l'évolution de l'appareil productif.

Les *innovations radicales* sont plus profondes : elles bouleversent le procédé de production d'un bien ou d'un service donné. Le meilleur exemple ? L'électricité nucléaire. Elle met en jeu des techniques de génération de vapeur inconnues auparavant, et, qu'il s'agisse de la fabrication du combustible, des arrêts pour entretien, du retraitement du combustible irradié ou du démantèlement, elle suppose le développement de nombreuses technologies nouvelles. En revanche, pour l'utilisateur, le bien produit reste le même.

Troisième catégorie : les *révolutions techniques*. Elles engendrent de nouvelles branches d'activités et font apparaître des gammes de produits qui n'existaient pas auparavant. Ainsi, la découverte des plastiques a donné naissance à des textiles artificiels, à des revêtements de sol, à des panneaux muraux, à des meubles, à des objets moulés, etc.

Enfin, au-delà des révolutions techniques se situent ce que Freeman appelle les *changements de paradigme*. Il désigne par ce terme l'apparition quasi simultanée d'un ensemble de techniques nouvelles qui bouleverse les relations entre la technique, l'économie et la société. Un premier exemple en est la révolution industrielle partie de l'Angleterre à la fin du XVIIIe siècle. En quelques décennies, les découvertes liées à la machine à vapeur ont transformé la structure productive, le système des prix, la répartition de la population sur le territoire. Mort du tissage à main dans les campagnes, explosion de la taille des marchés terrestres, afflux d'un prolétariat ouvrier dans les agglomérations, multiplication des usines, déclin de régions prospères, apparition de nouveaux centres économiques.

Or, avec les techniques de l'information, un nouveau changement de paradigme se produit sous nos yeux. Mais ne soyons pas comme les badauds qui, sans comprendre, jettent un regard émerveillé sur les tours des saltimbanques de foire. Qu'importent le nombre des mégabits et les prouesses du multimédia. L'essentiel est ailleurs : il est dans la révolution économique et sociale que ces techniques vont provoquer. Et l'énumération qui vient d'être esquissée de leurs caractéristiques laisse présager non pas une secousse sismique mais un tremblement de terre.

Les transformations de l'économie

De même que, dans les villes de jadis, tout se passait sur la place centrale, de même, dans une économie, le relais par lequel se transmettent toutes les évolutions est le système des prix. Changements démographiques, modifications de préférences des ménages, découvertes de nouvelles ressources et progrès technique ont un impact sur les prix, et ces derniers à leur tour influencent les choix des individus et des entreprises. L'existence, implicite ou explicite, dans toute société d'un système de prix plus ou moins satisfaisant est intimement liée au fait que chaque collectivité humaine doit résoudre le problème de la mise en œuvre de ressources limitées comme le pétrole, les minerais, les terres arables, les hectares en centre-ville, le travail des spécialistes..., et qu'il lui faut décider l'usage qu'elle fera de ces ressources. Le prix apparaît donc comme un signal qui traduit la rareté plus ou moins grande de tous les biens et services auxquels il a fallu faire appel pour obtenir une unité du produit considéré.

La culture française, terrienne et administrative, n'a jamais bien assimilé la signification des prix. Je me souviens d'une enquête effectuée il y a un quart de siècle dans laquelle la majorité des Français attribuaient le niveau d'un prix aux décisions gouvernementales ou aux bénéfices des producteurs. Il ne leur venait pas en tête qu'un prix, d'un côté, condensait l'information sur les conditions de production d'un bien ou d'un service, et, de l'autre, orientait les décisions des utilisateurs. Cette faiblesse de la culture française, il faut s'en dégager et constater d'emblée les énormes conséquences des techniques de l'information en matière de prix.

LE BOULEVERSEMENT DES PRIX RELATIFS

La société industrielle a connu de formidables changements de prix. Jean Fourastié, qui a passé une partie de sa vie à les étudier, décrit ainsi l'évolution du prix d'un quintal de blé par rapport au salaire horaire d'un manœuvre non spécialisé [3] : « De 1768 à 1802, la moyenne des prix du quintal de blé est de 217 salaires horaires [...] 1850 est la première année où [cette moyenne] est inférieure à 100 heures de salaire de manœuvre ; à l'inverse, 1891 est la dernière année sans doute de l'histoire de France où ce prix a dépassé 100 [...] Le seuil de 50 est franchi en 1935, celui de 25 en 1953, celui de 20 en 1958, celui de 10 en 1972, celui de 5 en 1980 ! » Mais la chute des prix réels des divers biens et services n'est pas uniforme : le manœuvre de 1985 obtient en travaillant une heure 827 fois plus de blé que son collègue de 1700, il peut s'acheter 5 550 fois plus de surface de glace ou de vitre, mais s'il va chez le coiffeur, il ne pourra s'offrir que la moitié en coupes de cheveux. En d'autres termes, le prix d'une coupe de cheveux a augmenté deux fois plus que la rémunération d'un manœuvre. Ce dernier aura

3. Jean et Jacqueline FOURASTIÉ, *D'une France à une autre*, Paris, Fayard, 1987.

du pain à volonté, de larges vitres à ses fenêtres, tout en faisant plus attention au nombre de ses visites au Figaro local.

Ce sont les changements de prix suscités par les techniques industrielles qui ont fait disparaître les tisserands, chassé les agriculteurs des campagnes, permis de transporter les céréales sur des centaines de kilomètres, mis un terme aux famines en Europe occidentale, multiplié l'usage des outils.

Des variations analogues sont aujourd'hui en cours sous l'influence des techniques de l'information. On assistera simultanément à une révolution dans la hiérarchie des prix des divers services de travail, à la naissance d'une nouvelle économie du temps, à une influence croissante des prix extérieurs sur les prix nationaux.

Comme la machine d'hier, *l'ordinateur peut remplacer à moindre coût du travail humain et notamment du travail intellectuel*. Contrairement à une idée répandue cela ne crée pas en soi un chômage permanent, mais cela modifie la composition de l'offre d'emplois. Plus besoin, comme dans les romans russes du siècle dernier, d'aides-comptables pour faire des additions ou d'employés aux écritures pour recopier des rapports. En jargon d'économiste, le coût du travail qui assure le plein emploi baisse pour certaines compétences et augmente pour d'autres. Ce phénomène essentiel n'est pas reconnu alors qu'ils est au centre des transformations induites par la société d'information.

Redisons-le autrement.

Ce que chacun d'entre nous offre sur le marché du travail est une compétence, mélange de savoir, de savoir-faire et de comportement. À quoi bon connaître le code par cœur (savoir) si l'on est incapable de rédiger un contrat (savoir-faire) ou si, par négligence, on ne tient pas les délais promis (comportement) ? Contrairement à ce que fait croire notre foi dans le diplôme, le savoir n'entraîne pas la compétence. Il n'en est qu'un élément. Le marché du travail se subdivise ainsi en de multiples marchés correspondant aux diverses compétences. Mais sur le marché d'une compétence, *le nombre d'emplois offert n'est pas une donnée*. Il dépend du prix de cette compétence pour les utilisateurs ainsi que des prix de tous les autres facteurs de production. Si le coût des encaisseurs de parking est trop élevé, on leur substituera des machines enregistreuses. Les vigiles pourront être remplacés par des alarmes automatiques. Le nombre des hôtesses d'accueil dans un congrès sera diminué au profit d'une signalisation plus abondante.

Un exemple chiffré aidera à comprendre le mécanisme : avant l'introduction des techniques nouvelles, 10 000 personnes d'une compétence donnée sont employées au coût de 100 chacune, tandis que le prix d'un ordinateur est de 50. Le progrès technique fait baisser le prix de l'ordinateur de 50 à 30. L'usage de l'ordinateur se répand, et il peut se faire qu'au coût du travail de 100 les entreprises n'offrent plus que 8 000 postes. Mais si ce coût baisse, l'expansion des ordinateurs est freinée, des emplois sont préservés, et d'autres se créent dans de nouvelles activités utilisant cette compétence. À un coût du travail de 70 le plein emploi est rétabli. En revanche, si le coût est fixe, du chômage subsiste. Il existe naturellement des compétences pour lesquelles le phénomène est inverse, l'introduction des techniques de l'information étant compatible avec une hausse du coût de ces compétences. *Le plein emploi ne peut être réalisé à l'avenir qu'avec un bouleversement de la hiérarchie des coûts du travail des diverses compétences*[4].

Et que l'on ne m'objecte pas le raisonnement faux selon lequel la société d'information connaîtrait un chômage permanent parce que les besoins seraient saturés. Pourquoi diable des individus voudraient-ils un emploi s'ils ne souhaitaient pas disposer d'un revenu pour effectuer des dépenses ?

Le sophisme de la fin du travail est un thème récurrent depuis le début de la révolution industrielle. Il est l'une des mauvaises herbes qui naissent sur le terreau des bouleversements de prix. Arrêtons de nous laisser berner par la fausse littérature qui annonce de tels lendemains.

La mise en œuvre des techniques de l'information engendre des coûts composés de quatre parties distinctes : le coût d'achat ou de location du matériel, le coût d'entretien de ce matériel, le coût d'achat, de location ou de rédaction du logiciel, le temps passé par les utilisateurs du système d'information. L'importance relative de ces composantes est très différente de ce qu'elle était dans la société industrielle : non

4. Naturellement, je parle ici de coût du travail et non de revenu du travailleur.

seulement le coût du matériel est devenu quasiment négligeable par rapport aux coûts de logiciels et d'entretien, mais l'ensemble de ces coûts est parfois inférieur au coût que représente le temps passé par les divers utilisateurs, qu'ils soient consommateurs ou producteurs. Ainsi, dans la comparaison entre valeur d'usage d'une information et coût de cette information, la valeur du temps passé à l'obtenir et à l'utiliser devient souvent un paramètre déterminant. Avec la société d'information naît *une nouvelle économie du temps*.

Conséquence : *un produit de coût négligeable – et incontestablement utile – peut désormais ne pas avoir de marché* si les utilisateurs potentiels jugent que la valeur de leur temps est supérieure à la valeur d'usage qu'ils anticipent. En matière d'information, si tout est pratiquement possible, tout n'est pas rentable – notamment à cause des contraintes de temps des individus. Pourquoi allumer le Minitel pour chercher un numéro de téléphone quand il est plus rapide d'appeler le 12 ? Que faire d'un magazine dont on vous fait gratuitement le service si vous n'y trouvez que rarement traités des sujets qui vous concernent ?

En sens inverse, les conditions de production sont telles qu'il peut être pratiquement gratuit pour un constructeur d'offrir à tous un appareil équipé de multiples fonctions que seule une poignée d'usagers mettra en œuvre, la majorité trouvant abusif le temps nécessaire pour apprendre à s'en servir. Comme je serais à l'aise avec mon téléphone portable s'il se bornait à me permettre d'émettre et de recevoir sans offrir des fonctions annexes qui rendent plus complexes clavier et procédures.

La conjonction des techniques de l'information et des transports aériens rend possible la mondialisation de l'économie, quelles que soient par ailleurs les conditions géopolitiques. Ainsi sont mises en relation des zones dont les systèmes de prix étaient initialement fort différents. C'est le cas notamment pour les taux d'intérêt (le prix du service du capital) et pour les coûts du travail des diverses compétences. *Chaque zone supportera de plus en plus les variations de son système de prix provoquées par la mondialisation.* Est-il besoin par exemple de souligner que, sans techniques de l'information modernes, il ne pourrait y avoir un marché mondial du capital ?

Ces transformations conduisent en Europe à une hausse relative des taux d'intérêt réels et à une baisse relative du coût de plein emploi du travail peu spécialisé.

Ainsi, tout comme la machine à vapeur hier, l'ordinateur, le téléphone ou le poste de télévision aujourd'hui ont des conséquences autrement plus profondes que leur seule utilisation pourrait en apparence le laisser croire. On pourrait dire, presque sans paradoxe, que les conséquences visibles du cybermonde sont triviales, et que sont au contraire essentielles celles qui restent cachées à la plupart d'entre nous.

Dans cette société future, le prix des informations ne va-t-il pas jouer un rôle de premier plan ?

Certes, mais il est difficile d'imaginer marchés

plus imparfaits[5] que ceux de l'information. L'intervention de la publicité incite la presse et les chaînes de télévision à transmettre des messages qui attirent les individus auxquels souhaitent s'adresser les annonceurs. Les subventions de l'État permettent de diffuser de nombreuses informations gratuitement. *A contrario,* d'autres informations sont gardées confidentielles et ne peuvent être obtenues que par des formes proches de l'espionnage ou par recours à des consultants spécialisés. Ajoutons qu'en dépit des réglementations, des copies d'informations (logiciels, par exemple) circulent abondamment. Il existe un *marché noir de l'information.*

Le bouleversement des prix échappe souvent au profane, qui n'en perçoit que des manifestations isolées et séparées. Et il ne faut surtout pas croire qu'un gouvernement a le pouvoir de manipuler les prix à sa guise. Le gouvernement français à la fin du XIXe siècle a subventionné la marine à voile et lui a permis de se développer pendant dix ans. L'a-t-il sauvée ?

Lecteurs, retenez ce message. *C'est en bouleversant les niveaux relatifs de tous les prix que la société d'information va, de fond en comble, réaffecter les hommes et les femmes dans de nouveaux postes de travail, recomposer les structures de production, changer le contenu des consommations, transformer la*

5. Pour l'économiste, un marché est dit « parfait » si, pour un produit défini, les échanges se font au même prix, les quantités demandées étant égales aux quantités offertes.

hiérarchie des revenus (avant redistribution éventuelle par l'État).

LES CARACTÉRISTIQUES ÉCONOMIQUES D'UNE SOCIÉTÉ D'INFORMATION

Quelles sont les conséquences de ce qui précède sur l'utilisation finale des ressources, sur la structure de la production, la forme des entreprises et l'emploi ?

Traditionnellement, les économistes décomposent l'utilisation que fait une société des biens dont elle dispose en consommation, investissement et dépenses publiques.

En matière de *consommation*, on assiste déjà à une lente modification des usages du revenu – et du temps. Le consommateur prend en compte dans ses choix les nouveautés de l'offre et les variations des prix relatifs. Ainsi se développent les achats d'équipements liés à la réception et à l'émission d'information ainsi que les achats d'informations proprement dites, stockables ou non stockables. Que l'on pense à l'explosion des téléphones portables, des télécopieurs, des abonnements à des chaînes de télévision, de l'installation de codes à l'entrée des immeubles, à la multiplication des cartes de crédit. Augmentent aussi les volumes des déplacements à longue distance. Les statistiques traditionnelles de consommation masquent en partie le phénomène car des postes tels que loisirs et culture mélangent des dépenses de nature différente. Il en est de même pour la décomposition des budgets temps. Doit-on mettre dans la même catégorie les heures que passe un téléspectateur à écouter les informations ou à voir une émission de variétés ?

En dehors de l'utilisation du revenu et du temps, les techniques de l'information modifient simultanément les services non marchands consommés par les ménages. L'exemple le plus significatif est celui de la santé, qu'il s'agisse du diagnostic ou du suivi au domicile où à l'hôpital. Dès maintenant, le malade d'un service de réanimation peut suivre sur un écran, grâce à l'électronique, les battements de son cœur, au point que parfois fasciné par la courbe il se persuade ainsi qu'il est encore en vie.

Une partie de l'information est distribuée aux ménages gratuitement, mais faut-il qualifier de services non marchands les émissions d'une chaîne de télévision entièrement financées par la publicité ?

Pour l'*investissement*, l'essentiel a déjà été dit : une société d'information est une société où l'investissement est élevé, mais contient une forte part de dépenses de recherche, de logiciels, de mise au point de procédures, de formation, de publicité. À ces investissements immatériels s'ajoute le coût des équipements d'information, mais le phénomène est masqué par la baisse rapide des prix de ces équipements. Que représente par exemple le coût des machines servant à produire un médicament par rapport aux années de formation des biologistes, aux recherches théoriques et appliquées, aux tests sur les animaux puis sur l'homme, aux procédures de dépôt de brevet, aux formalités d'homologation, aux dépenses de promotion auprès des médecins et des pharmaciens ?

L'importance des investissements immatériels soulève de nombreuses difficultés plus ou moins solubles : la définition du périmètre de ces investissements, l'incertitude sur leurs durées de vie (l'individu qui vient d'être formé peut quitter l'entreprise le lendemain, un logiciel peut durer des années ou devenir obsolète rapidement), le contrôle de la dépense dans l'utilisation des fonds, les modes de comptabilisation, l'obtention de financements... Si des progrès ont été faits depuis vingt ans, beaucoup reste encore à faire dans ces domaines.

Le troisième poste d'utilisation des ressources est constitué par les *dépenses de l'État et des collectivités publiques*. Peu d'études traitent de l'impact des techniques de l'information sur ce domaine *dans son ensemble*. Il suffit pourtant d'énumérer les principales activités concernées pour prendre conscience des bouleversements en puissance : perception des prélèvements sociaux et fiscaux, éducation, santé, défense nationale, police, justice, monnaie, etc. Or, pour ces activités, les affectations de ressources ne sont pas commandées par des prix de marché mais résultent d'arbitrages politiques. Aussi, tant que l'augmentation des impôts permet de superposer la couche des nouvelles technologies sur le socle des vieilles structures, les réformes sont évitées. Il faudrait plus souvent se demander : de combien l'informatisation a-t-elle permis de réduire les effectifs de la Direction générale des impôts ? Pourquoi est-ce seulement dans les services de l'État que les techniques de l'information ne se traduisent pas par des économies de main-d'œuvre mais par l'accroissement des formulaires ? Alors que les organigrammes des entreprises sont constamment bouleversés pour être adaptés à l'environnement, pourquoi l'organisation de l'État semble-t-elle insensible à la révolution de l'information ? Aujourd'hui, les solutions de l'administration sont coûteuses et inefficaces. *L'opinion publique n'a pas assez conscience que l'expansion des techniques de l'information aggrave la crise du secteur public.*

Après ce regard global sur l'utilisation finale de nos ressources, interrogeons-nous maintenant sur les conditions de leur obtention, puisque tout bouleversement d'un système de prix a pour contrepartie une mutation de la *structure de la production*. Tel a bien été le cas lors de l'émergence de la société industrielle avec la part croissante prise par l'industrie dans l'emploi et la valeur ajoutée et la séparation de plus en plus nette dans cette industrie entre des branches clairement identifiables : agro-alimentaire, chimie, matériaux de construction, énergie... Vérités d'hier qui perdent aujourd'hui leur sens : les entreprises qui œuvrent dans le secteur des techniques de l'information (de la télévision à la presse, des télécommunications à l'informatique) ne constituent en rien une branche ou plusieurs branches supplémentaires. Elles forment une nébuleuse qui s'intègre mal dans les anciennes typologies. La séparation industrie/services devient floue. À l'amont, les entreprises industrielles utilisent très largement des services, notamment pour leurs investissements immatériels, mais elles peuvent selon le cas fournir ces services elles-mêmes ou les acquérir à l'extérieur. À l'aval, les acheteurs de biens industriels s'intéressent de plus en plus au service qui leur est rendu (service après-vente, entretien, etc.). Aussi, toute entreprise industrielle devient-elle une entreprise de services. Enfin, entre branches industrielles elles-mêmes les frontières perdent leur simplicité d'antan à cause des innovations techniques et de la multiplication des groupes opérant dans plusieurs domaines. Qui aujourd'hui proposerait de décrire l'économie française à l'aide d'un tableau de relations interindustrielles indiquant les achats que se font les unes aux autres les diverses branches !

J'ai distingué jadis les *technologies sève* et les *technologies pollen*. Savoir construire une automobile, savoir gérer un hôtel sont des technologies sève, savoir utiliser Internet une technologie pollen, mais aujourd'hui, dans toute entreprise, les technologies pollen fécondent et transforment les technologies sève. De leur union naît une chute plus ou moins importante des coûts qui, à son tour, modifie l'usage par les utilisateurs finaux de leurs revenus. Ces évolutions changent lentement la composition du produit national : diminution du poids des activités liées à l'extraction, à la transformation et à l'utilisation des matières premières minérales (y compris l'énergie), diversification des produits chimiques et alimentaires, intégration des techniques de l'information dans les produits de la construction mécanique et électrique, explosion des activités liées à la collecte, au traitement et à la diffusion de l'information, multiplication des services aux ménages.

Il faut distinguer le contenu de la production nationale et la *forme des entreprises* qui élaborent biens et services. À cet égard, l'existence de réseaux de transmission de l'information et les possibilités de transport à grande distance pour les individus permettent deux modifications profondes : la possibilité de sous-traiter à d'autres firmes et notamment à des PME des activités que l'entreprise devait autrefois assurer elle-même (en effet, des réseaux d'information peuvent connecter l'entreprise à une constellation de sous-traitants répartis dans le monde entier et changés en fonction du prix et de la qualité de leurs prestations) ; la généralisation d'entreprises multinationales dont les implantations dans divers pays partagent le même savoir technique et managerial et sont contrôlées soit par les déplacements d'un petit groupe de dirigeants, soit par le transfert d'informations à distance (contrairement à une idée fort répandue, les flux de produits à travers les frontières ne jouent pas toujours un rôle important dans cette internationalisation).

Une certitude : l'entreprise de la société d'information acquerra une flexibilité inconnue de sa devancière de la société industrielle. Les techniques de l'information facilitent la décentralisation des décisions tactiques, la réduction des niveaux hiérarchiques, la diminution des effectifs dans les unités de production, l'augmentation de la part du personnel œuvrant en amont et en aval, le développement du travail nomade et à domicile. Elles renforcent l'importance pour la firme du noyau technique – au sens le plus large du terme – par rapport aux bâtiments ou aux usines.

Souvent dans ce livre réapparaîtra comme un cauchemar le problème de l'*emploi*. Contentons-nous pour le moment d'explorer les conséquences mécaniques des technologies de l'information sur le travail qui, dans toute société, se définit par ses conditions, son contenu et son volume.

La société industrielle a été marquée par la généralisation du salariat, c'est-à-dire par une forme d'emploi à localisation du travail fixée (usine ou bureau), à durée du travail réglementée, à contrat de travail à durée indéterminée, à rémunération mensuelle fixe[6]. Chacune de ces caractéristiques est remise en cause par la société d'information : développement du travail nomade où à distance, multiplication des travaux à temps partiel ou occasionnels et flexibilité plus grande de la durée du travail, diversification des contrats de travail et accroissement du nombre des contrats à durée déterminée, développement des rémunérations liées aux résultats... Que l'on pense aux journalistes, aux consultants, aux publicitaires, au personnel des sociétés d'entretien, aux employés des sociétés de travail intérimaire, aux architectes. Pour chacun d'entre eux, l'une des caractéristiques au moins du salariat de la société industrielle n'a plus de sens : les horaires, le lieu de travail, la rémunération fixe, la pérennité de l'emploi. On se plaint des « petits boulots », mais ils préfigurent en partie les conditions d'emploi de demain.

La transformation du contenu des emplois a été si

6. Du moins dans la dernière période de la société industrielle.

souvent décrite que je rappellerai seulement la diminution du nombre des emplois dans les tâches de production et de pure administration, l'augmentation du nombre des emplois liés aux investissements intellectuels, la croissance du nombre d'emplois dans les services aux entreprises et aux ménages. L'essentiel, pourtant, est ailleurs. À savoir et savoir-faire donnés le travail exigera demain un comportement plus fiable, plus responsable, plus créatif, plus coopératif. Dans le trio savoir, savoir-faire, comportement, l'accent est souvent mis sur le savoir ou à la rigueur sur le savoir-faire alors que c'est le comportement qui deviendra le plus discriminant. L'ouvrier sur une chaîne de production n'a pas la moindre liberté et sa responsabilité est limitée. La jeune femme qui garde des enfants ou des vieillards doit s'adapter à chaque instant et est responsable de vies humaines.

Reste enfin la question du volume. Je l'ai déjà abordée. Contrairement à des idées fort répandues, la société d'information n'est en rien une société qui engendre par elle-même du chômage. Mais elle est le siège de tant de changements qu'elle entraîne une modification de la demande des diverses compétences. Aussi, comme nous l'avons vu, le tremblement de terre de la société d'information a pour effet de baisser en valeur relative le coût du travail qui assure le plein emploi des travailleurs de faible compétence. Si cette baisse ne se produit pas par suite de rigidités des coûts ou de la réglementation – pour des raisons d'ailleurs souvent légitimes –, un chômage apparaît. D'où ce *drame des sociétés industrielles* : si, pour améliorer le revenu des moins compétents, on augmente le coût de leur travail, on les exclut de l'appareil productif. *A contrario, dans la mesure où le coût du travail est la somme du salaire après impôt, des impôts sur le revenu, des charges sociales, si l'on diminue impôts et charges, on bouleverse les données du financement de l'État-protecteur.*

Avons-nous conscience de la profondeur du choc et de l'ampleur des adaptations qui seront nécessaires ?

Une ultime remarque : la révolution que signifie pour l'économie des pays développés le passage à la société de l'information va nous contraindre à repenser l'un des investissements les plus lourds (en durée de vie) de la société contemporaine. Plus lourd que les centrales nucléaires, plus lourd que les avions gros porteurs : l'appareil statistique. Le système actuel (la comptabilité nationale, par exemple) a été conçu pour une société industrielle. Il isole la formation brute de capital fixe, raisonne sur des branches, agrège des services ayant peu en commun, est mal à l'aise aux frontières du marchand et du non-marchand. Il faudra progressivement le repenser. Rude tâche en perspective.

La société d'information est porteuse d'espérance, mais seules profiteront de ses fruits les économies qui sauront en tirer parti.

Les évolutions de la société

Vouloir attribuer aux technologies de l'information l'ensemble des changements se produisant dans une société en perpétuelle mutation serait grotesque. Mais, à l'inverse, quelques exemples suffisent à montrer l'impact du nouveau paradigme technique sur l'évolution du social.

ACTEURS ET GROUPES SOCIAUX DE LA SOCIÉTÉ D'INFORMATION

Observés avec le recul du temps, les groupes sociaux de la société industrielle apparaissent avec des contours précis : les agriculteurs, les ouvriers, les employés, les commerçants, artisans et petits patrons, les cadres moyens, les professions libérales, et les dirigeants. Au sein de certains groupes, les fonctionnaires forment une catégorie à part. Les capitalistes, sauf une minorité, ne se distinguent pas toujours des dirigeants. Enfin, la classe des rentiers si souvent présents dans les textes du XIXe siècle n'a pas survécu aux inflations des guerres mondiales. Ces groupes se définissent par la profession du chef de famille, un homme généralement.

Cette structure a d'ores et déjà beaucoup changé. Le groupe des agriculteurs est devenu minuscule même s'il conserve une influence politique. Une vaste nébuleuse de techniciens se constitue et absorbe des employés, des ouvriers, des cadres moyens. En font partie aussi bien la secrétaire de direction que l'ingénieur, l'enseignant que l'officier. Au sein de cette nébuleuse, les modes de vie diffèrent moins par les activités professionnelles que par les caractéristiques individuelles. Vers le bas de la hiérarchie sociale subsistent certes des employés et des ouvriers, des petits commerçants et artisans au sens traditionnel, mais apparaît surtout un groupe de personnes marginalisées par l'évolution du marché du travail : entre les chômeurs, les travailleurs intermittents et les salariés à faible rémunération, c'est-à-dire tous ceux qui pour des raisons physiques, psychologiques ou culturelles s'intègrent mal dans la société contemporaine. En haut de la pyramide se situent les élites, ensemble de ceux qui s'extraient de la nébuleuse centrale et dirigent les administrations, les partis politiques, les banques et les grandes entreprises. S'y ajoutent les ténors des professions libérales. Le capitalisme familial, fortement affaibli, ne correspond plus à un groupe social identifiable puisque le déclin des vieilles industries a souvent ruiné le patrimoine de ceux qui les possédaient.

Ces évolutions engendrent logiquement une modification de la répartition des pouvoirs économiques et sociaux. Les grandes organisations ouvrières s'affaiblissent, et plus généralement les syndicats de masse, qui ne subsistent que dans le secteur public. Il en est de même de leurs partenaires et opposants traditionnels, les organisations patronales. Dès lors, le dialogue des partenaires sociaux – cet ensemble de groupes organisés – ne joue plus le rôle qui a été le sien à l'apogée de la société industrielle. Sa place est pour une part occupée par de petits groupes professionnels, régionaux, idéologiques, dont la constitution est facilitée par l'aisance des communications. Les salariés de Peugeot savent que leur avenir dépend plus de la réussite de l'entreprise que de l'intervention de l'État ou de négociations entre le CNPF et la CGT. Plus récemment, ont commencé à se regrouper les exclus (les chômeurs) et les plus radicaux des petits fonctionnaires craignant de perdre leur statut (naissance de Sud). La nébuleuse centrale a deux privilèges : un accès très large à l'information et des compétences spécifiques. Chacun de ses membres a en effet une culture qui lui permet de comprendre approximativement les événements et détient en revanche des connaissances propres. Il exige donc de savoir et de participer. Conséquence : *le pouvoir se dilue et la société devient simultanément transparente, complexe et peu lisible.*

Toute société a des secrets. Rien de plus exemplaire à cet égard que la société française du XIXe siècle : secrets financiers dans les affaires, secrets d'alcôve, secrets des relations entre la politique, les entreprises et la presse, secrets de défense nationale, secrets médicaux. Ces secrets ne sont pas tous liés au caractère industriel de l'époque. *A contrario*, il est difficile d'imaginer une société d'information sans une très large transparence, qu'il s'agisse des comptes des entreprises, de la vie personnelle, de la santé individuelle, des résultats des recherches scientifiques. Cette transparence n'est pas sans effets pervers. Les qualités de leader d'un président des États-Unis sont parfois jugées à l'aune de sa fidélité conjugale. La portée des découvertes scientifiques est mal interprétée à cause d'une vulgarisation précoce.

Ceux qui sont aux nœuds de la société d'information deviendront demain les acteurs les plus importants : les banques qui maîtrisent les flux d'informations que sont les flux de capitaux, les médias qui collectent et diffusent les informations de masse, les ingénieurs et les chercheurs en électronique, informatique et télécommunications. Faut-il, en particulier, s'attendre dans la société d'information à une toute-puissance des médias ? La réponse est moins simple que la question. S'il s'agit du *système* médiatique, la réponse est incontestablement oui. Réussir à faire passer aux informations de vingt heures une nouvelle qui ne cadre pas avec les critères de sélection de la télévision est une mission impossible. Si l'on s'intéresse en revanche au pouvoir d'un président de chaîne, d'un rédacteur en chef de radio, d'un directeur de journal, la conclusion est plus nuancée car chacun est enserré dans un réseau de contraintes où interfèrent le marché des téléspectateurs, des auditeurs ou des lecteurs, la concurrence des autres médias, la lutte pour la publicité, la liberté des journalistes.

En plus des acteurs et des groupes sociaux, ce sont aussi les *formes d'inégalités* qui se transforment lors du passage de la société industrielle à la société d'information. Au début des années 70, lorsqu'est généralisé en France le salaire mensuel, instauré le SMIC, étendu à tous le système de retraite et de sécurité sociale et que se sont amoindries les différences d'instruction, l'inégalité perçue comme centrale est celle des revenus (et accessoirement celle des patrimoines). La société d'information ne fait pas disparaître cette forme d'inégalité. Les analyses montrent au contraire, nous l'avons vu, qu'elle l'accroît sur les marges de la nébuleuse centrale, mais s'y ajoutent désormais les inégalités provenant de la diversité des durées du travail, de l'obsolescence des connaissances acquises et de l'aptitude plus ou moins grande à utiliser l'information pour se former et réagir en cas de chômage. En revanche, il est d'autres inégalités qui s'amoindrissent : la diminution de l'importance de la force physique contribue à réduire les handicaps que connaissent les femmes dans la société industrielle ; la multiplication des réseaux d'information relativise les avantages que certains tiraient de leur localisation géographique ou de leurs relations sociales.

SOCIÉTÉ D'INFORMATION ET MENTALITÉS

Regardons autour de nous. Les mentalités – au sens que donnent à ce terme les historiens – ne changent-elles pas sous nos yeux ?

L'habitude de la transparence s'accompagne d'une accoutumance à l'instantanéité. Chacun s'attend à pouvoir assister en direct à tous les événements secouant la planète. Imaginez cette situation au temps de la Seconde Guerre mondiale. Un correspondant de CNN à Moscou, à la Stavka, annonce : « Le maréchal Staline vient de déplacer deux corps blindés. Qu'en dit-on au quartier général du Führer ? » Et son collègue de lui répondre en direct de Prusse orientale : « Le Führer vient d'affecter la 19e PZDiv. à la quatrième armée en lui donnant l'ordre de contre-attaquer immédiatement. » De cette fiction rétrospective, la guerre du Golfe n'était pas si loin même si les médias américains ont été quelque temps muselés.

La prédominance de l'image, la multiplication des langages que chacun doit manier ont pour conséquence la généralisation du *savoir flou*. Ce n'est pas un hasard si l'orthographe s'effondre tout comme la connaissance des lieux géographiques, des dates historiques et des règles de l'arithmétique. Le savoir limité et précis que donnait jadis le certificat d'études se voit substituer un savoir plus ample et plus divers qui permet une compréhension approximative d'une large gamme d'événements. Et, en cas de nécessité, il suffit de savoir faire appel au correcteur d'orthographe ou à la banque de données adéquate. En face de cet actif, un passif évident : des références incertaines, des règles professionnelles mal assimilées, une tendance générale à sous-estimer le savoir des spécialistes.

Aussi ne doit-on pas être surpris de la *désacralisation des experts*. La société industrielle est marquée par un grand respect de la connaissance : le savant, le médecin, l'ingénieur, le juriste, le général sont estimés parce qu'ils disposent, dans leur domaine professionnel, de savoir et de savoir-faire. Qu'ils utilisent dans leur métier un langage ésotérique, qu'importe. C'est grâce à ces langages que naît le progrès, l'un des éléments essentiels de la société industrielle. Il n'en est plus de même dans la société d'information car l'abondance des messages tantôt brouille l'information en mettant sur le même plan des données provenant d'émetteurs de qualité différente, tantôt la concentre par effet de contagion autour d'un contenu unique qui n'est pas nécessairement le plus exact. Le médecin craint à tout moment d'être poursuivi pour faute professionnelle et soigne ses malades en conséquence. Le spécialiste se voit évincer des colonnes des journaux parce que son savoir est censé l'inféoder à des groupes de pression...

Ce survol à la hussarde de quelques-unes des caractéristiques de la société d'information laisse dans l'ombre une question : l'omniprésence de l'information favorise-t-elle l'individualisme ? Dans les premiers temps, lorsque dominait encore la société industrielle (avec sa structure sociale caractéristique), les moyens d'information ont favorisé l'agrégation des individus à des organisations de masse[7]. Actuellement, l'effet me semble inverse : la structure sociale induite par la société d'information n'est pas un obstacle à l'individualisme et les réseaux d'information, ne se réduisant plus aux réseaux à grande diffusion, laissent à chacun une marge de choix.

7. Est-il utile de rappeler combien le thème de la masse a été important dans les écrits du premier demi-siècle.

Les métamorphoses de la démocratie

La sphère du politique subira, elle aussi, le contrecoup des transformations en cours. D'ores et déjà, les bases de la démocratie moderne sont ébranlées par les techniques de l'information, car *pour la première fois dans l'histoire des États-nations, la démocratie directe est devenue techniquement possible.* Le chef de l'exécutif pourrait à la rigueur consulter l'ensemble des citoyens avant toute décision importante. Il suffirait que chaque électeur dispose d'un terminal et d'un code et que ce terminal soit relié à un ordinateur central.

Cette éventualité ne se produira peut-être jamais, mais le poids de l'opinion instantanée des citoyens pèse déjà de multiples manières sur les gouvernements. Les sondages sur échantillons représentatifs en sont un exemple.

Dans une société transparente, le moindre groupuscule créant un événement – donc exprimant en général une opinion hostile au pouvoir existant – peut se faire entendre. Tandis que s'affaiblissent les organes législatifs et les corps intermédiaires – partis, syndicats –, les formes spontanées de démocratie prolifèrent. Chacun accepte de moins en moins de déléguer à d'autres la défense de ses intérêts.

Aussi, assiste-t-on à une *explosion des coûts de transaction.* La moindre décision politique doit être longuement négociée avec les multiples groupes concernés avant d'être prise ou ajournée. La pratique se répand de mesures politiques qui privilégient les intérêts des petits groupes directement impliqués aux dépens de ceux de la collectivité tout entière.

On constate un *émiettement* du pouvoir qui prend des formes diverses, de la décentralisation géographique à la décentralisation hiérarchique. Observé à l'intérieur de chaque État, ce phénomène s'observe aussi entre les États, du fait de la mondialisation. D'où cette question : *la société d'information ne risque-t-elle pas de devenir ingouvernable ?* Ne va-t-elle pas nous conduire à une *refondation* de la démocratie ? L'idéal démocratique ne demande pas qu'à tout instant le pouvoir politique se comporte comme le souhaite la majorité des citoyens. Cette définition pouvait être retenue provisoirement tant que cet idéal était irréalisable. Mais la démocratie est tout autre chose : elle est un système où, pour des durées données, des pouvoirs limités mais suffisants sont accordés à des autorités régulièrement élues. Pouvoirs limités ne mettant en cause aucun des intérêts vitaux des groupes constituant la société. Pouvoirs suffisants permettant à la collectivité de faire face aux défis auxquels elle est confrontée. Dès lors, les décisions prises par ces autorités doivent être respectées pour autant qu'elles se situent à l'intérieur des pouvoirs délégués. Aussi est-ce dans la mesure où le compromis démocratique est intériorisé par la plupart des citoyens que ce système politique est pérenne.

Métamorphose de la démocratie à l'intérieur. Métamorphose des relations entre les États à l'extérieur. À cause des liens étroits entre mondialisation et techniques de l'information, les systèmes politiques de la société future ne pourront plus se concevoir dans un cadre national ou intergouvernemental. Les États devront assumer collectivement certaines responsabilités et les nombreuses institutions multinationales créées depuis 1945 sont la marque, encore timide, de ce processus.

Vous ai-je convaincus, chers lecteurs, que le changement de paradigme technique pétrit les entrailles de la société française autant que le développement de l'industrie au cours du XIXe siècle ? Bientôt, la société industrielle des années 60 nous paraîtra aussi éloignée que semblait l'être la société agricole et commerçante de la fin du règne de Louis XV aux contemporains de Napoléon III. Refuser cette évolution est illusoire. Le char de l'Histoire, pour parler comme jadis, nous écraserait. L'accepter est notre seule chance de la canaliser, car l'avenir reste ouvert. À nous d'exploiter les marges de jeu qu'il nous laisse. Nous sommes la première génération qui participe à la société d'information. Nous commençons juste à en comprendre les contours. Nous ne nous y sommes pas encore adaptés et surtout nous n'avons pas encore élaboré des stratégies permettant de s'immuniser contre ses effets pervers tout en exploitant les opportunités qu'elle offre. Remettons ce thème à plus tard, car il faut considérer maintenant l'autre branche de la tenaille, la mondialisation.

Chapitre II

L'OCÉAN DE LA MONDIALISATION

La mondialisation est un phénomène plus ancien que le développement des techniques de l'information. Bien avant les Trente Glorieuses, les pétroles du Moyen-Orient et les minerais africains arrivent déjà en Europe et au Japon. Des entreprises européennes et américaines construisent aux quatre coins de l'univers des routes, des ponts ou des chemins de fer. Les émissions de TSF quadrillent la planète.

Qu'y a-t-il donc de changé en cette fin de siècle ? La seule nouveauté est-elle la croissance des importations de produits industriels provenant de pays en développement à bas salaires ? Et s'il n'y a pas de modifications fondamentales, pourquoi la société française ne continuerait-elle pas à régler tranquillement ses affaires elle-même sans se préoccuper outre-mesure de son environnement ? Ne nous y trompons pas, la tentation est forte : à droite, chez les adeptes du Front national, à gauche, chez ceux qui rêvent de revenir à l'équilibre entre l'État et le marché tel qu'il existait dans les années 50.

Illusions ! La mondialisation, en s'intensifiant, a changé de nature. Désormais, aucune activité humaine n'y échappe. Il suffit de regarder autour de nous.

La technique au service de la mondialisation

Point n'est besoin d'être grand technologue pour identifier les deux avancées qui rendent la mondialisation d'aujourd'hui et de demain si différente de celle d'hier.

La première est l'apparition des avions à réaction gros porteurs. En 1914, aller de Marseille à Tokyo demandait plusieurs mois. Aujourd'hui, douze heures suffisent. Un temps de parcours divisé par 240. Parallèlement, les prix des voyages ont fortement chuté. Conséquence : les responsables économiques et politiques peuvent passer leur temps à parcourir la planète sans grever les budgets des organisations qui supportent leurs coûts. Trois jours en Chine, deux à Washington, un à Bonn et retour à Paris pour le dimanche.

Quant aux ménages de revenu moyen, passer leurs vacances à l'étranger est devenu, sinon la règle, du moins l'habitude. S'ils sont français, on les retrouve en Espagne, en Italie, au Maroc, en Tunisie, en Grèce, en Égypte, en Turquie. Les plus hardis visitent l'Inde, la Thaïlande, le Kenya, le Mexique, le Pérou.

Quel est le jeune étudiant des écoles de commerce qui entre dans la vie professionnelle sans avoir déjà vu un quart de la planète ?

Les plus vieux d'entre nous, lorsqu'il arrivent aux

abords d'Orly ou de Roissy, là où s'étendent sur des kilomètres des installations aéroportuaires, n'ont guère de peine à évoquer le temps, fort peu lointain, où le premier des sites se réduisait à un modeste bâtiment et le second à un champ de céréales.

Redisons-le d'une manière plus abstraite : quelle que soit leur localisation, des groupes humains fort éloignés les uns des autres peuvent désormais entrer physiquement en contact à un faible coût et dans des délais négligeables.

La seconde avancée technologique qui donne à la mondialisation une ampleur sans précédent est évidemment celle des techniques de l'information. Deux personnes, à plusieurs milliers de kilomètres de distance, peuvent à tout moment entrer en communication par téléphone. Elles peuvent participer à la même vidéoconférence. De chaque point d'entrée sur Internet sont accessibles de multiples banques de données. La télévision donne en continu des images des catastrophes naturelles, des événements sportifs, des émeutes ou des révolutions qui viennent de se passer dans un pays quelconque.

Ainsi, la mondialisation, avant d'être un phénomène économique, politique ou culturel, est tout simplement la réalité quotidienne de la mise en relation permanente d'individus répartis sur l'ensemble de la planète, indépendamment de la couleur de leur peau, de leur langue maternelle ou de leur nationalité.

L'internationalisation des marchés

Le fait est bien connu : chaque année, le taux de croissance des échanges internationaux de biens est supérieur de 1 à 2 points au taux de croissance de la production. Si cette dernière augmente par exemple de 3 %, le volume des échanges croît de 4 % ou 5 %. Certes, dans la réalité, les chiffres publiés demandent à être analysés de plus près : ils incluent par exemple le commerce entre pays de l'Union européenne, mais les corrections ne changent rien aux grandes tendances.

Plutôt que d'accumuler des données, il est préférable de décortiquer les mécanismes du commerce international en allant, comme il se doit, du simple au complexe. Vous jouez au petit professeur, me direz-vous. Oui, mais comment faire autrement lorsque l'on entend tous les jours des raisonnements faux sur le fonctionnement du commerce international ? On ne peut tout de même pas laisser se propager les affirmations de tribuns qui n'ont jamais ouvert un manuel d'économie politique. Je procéderai par étapes en ne gardant que l'essentiel.

Dans la première étape sont en présence deux pays, l'un développé, l'autre en développement. Il n'y a entre eux aucune migration de population et aucun n'investit chez l'autre. Dans ce cas, nous savons que, sous des conditions assez générales, le commerce entre ces deux pays a les effets suivants :

— le pays développé exporte des biens nécessitant relativement plus d'équipement et de travail de techniciens, tandis que c'est le contraire pour le pays en développement ;

— en valeurs relatives dans le système de prix du pays développé, le prix de l'équipement et le salaire des techniciens augmentent tandis que le salaire des manœuvres baisse ; un mouvement inverse des prix s'observe dans le pays en développement ;

— les deux pays peuvent organiser des redistributions telles que tous les habitants du pays développé et du pays en développement gagnent à ce commerce bilatéral (en revanche, tel n'est pas nécessairement le cas si ces redistributions n'ont pas lieu).

Il ne faut oublier aucun des termes de cette énumération et surtout pas le dernier que l'on omet trop souvent : *la théorie économique n'a jamais dit que le libre-échange était favorable à tous, mais qu'il pouvait l'être si des redistributions adéquates étaient effectuées.*

Supposons maintenant que dans le pays développé, le prix relatif des « manœuvres » reste rigide et ne baisse pas en dépit du commerce international. La demande de travail aux manœuvres va devenir inférieure à leur offre de travail. Du chômage va apparaître pour les manœuvres dans le pays développé.

Ainsi, *le commerce avec les pays en développement peut en France être favorable à tous, mais comme il tend à diminuer le coût du travail permettant le plein emploi des individus peu compétents, il n'en est ainsi que sous deux conditions :*

— le coût du travail des diverses compétences s'adapte en fonction de l'offre et de la demande (il est flexible) ;

— des mesures de redistribution sont introduites pour que personne ne voit baisser son revenu.

Dans la seconde étape, le pays développé qui dispose d'une épargne abondante investit dans le pays en développement en rapatriant les profits.

L'investissement dans le pays en développement (pauvre en équipement) étant plus rentable que dans le pays développé, le transfert de capitaux est bénéfique à chacun des deux pays et, au sein de ces pays, à tous les individus, *à condition, encore une fois, que soient effectuées les redistributions nécessaires* et que les prix et les taux de change s'adaptent pour que tous les marchés – y compris le marché des changes – soient en équilibre.

Remarquons au passage que l'investissement dans le pays en développement diminue, dans le pays développé, la production et l'emploi dans les secteurs industriels utilisant surtout de la main-d'œuvre peu qualifiée. C'est ce que l'on appelle d'un terme assez impropre la « délocalisation ».

La troisième étape ajoutera à la seconde les couleurs de la croissance. L'économie du pays en développement va croître ; l'épargne et les investissements étrangers vont y grossir le stock de capital tandis que les efforts de formation vont accroître l'effectif de techniciens par rapport à celui des « manœuvres ». S'y ajoutera l'impact des transferts de technologie. En conséquence, le produit intérieur brut du pays en développement va augmenter et, en valeur réelle, c'est-à-dire en pouvoir d'achat, les salaires de ce pays vont s'améliorer. Que va dans ces conditions devenir le taux de change de la monnaie du pays en développement en monnaie du pays développé ? Il est facile de comprendre qu'il doit augmenter puisque, pour une unité monétaire du pays en développement, on peut désormais obtenir dans ce pays une plus grande quantité de produits. Aussi, le pays développé va-t-il (toutes choses égales par ailleurs) réduire ses importations en provenance du pays en développement, le pays en développement réduira de même les siennes et les balances extérieures resteront toujours équilibrées. L'intérêt de ce rappel est qu'il montre l'inanité des discours des industriels qui prétendent qu'au fur et à mesure de leur croissance les pays en développement détruiront successivement tous les secteurs de production français dans l'ordre décroissant de leur recours à de la main-d'œuvre peu spécialisée. Les industriels raisonnent à taux de change constants, alors que ces taux évoluent.

Naturellement, sur des périodes assez longues, les taux de change peuvent ne pas s'adapter et, dans le cas de monnaie de pays en développement, rester sous-évalués et accroître artificiellement les exportations de ces pays.

Ces propositions sont simples. Pourtant, qui ne les connaît pas peine à démêler les effets de la mondialisation des échanges. Malheureusement, la réalité est bien plus complexe encore :

— aux investissements à long terme se superposent les mouvements de capitaux à court terme commandés par les arbitrages d'agents économiques comparant en permanence – sur la base des taux d'intérêt à court terme, des taux d'inflation, des taux de change prévisibles – les rentabilités de détentions d'actifs dans les diverses monnaies. Ces arbitrages dépendent d'anticipations qui peuvent être influencées par la propagation de modes. Ils entraînent des fluctuations à court terme des taux de change qui perturbent les choix des entreprises. Inutile d'évoquer la récente crise monétaire asiatique ;

— sur certains marchés mondiaux, ne sont plus en concurrence que quelques grands groupes industriels. Apparaissent alors des phénomènes d'oligopole ou de monopole qui font que les prix pratiqués ne sont plus le reflet du coût des ressources nécessaires à la marge pour obtenir les produits correspondants. La concurrence dans la construction aéronautique est de ce type ;

— l'économie est le siège de multiples irréversibilités. Il n'est pas facile à un pays qui a, par exemple, vu disparaître toute activité de construction navale de reconstituer une telle industrie si les conditions économiques redeviennent favorables. En effet, les investissements nécessaires pour une renaissance seraient considérables. (Est-il besoin de rappeler à ce sujet l'histoire de Bull et de la construction d'ordinateurs en France ?)

Une dernière touche au tableau : entre les pays de l'Union européenne le commerce intracommunautaire est prépondérant, mais les échanges avec le reste du monde sont suffisants pour avoir d'ores et déjà un impact sur les économies européennes.

Voilà qui nous aide à comprendre les jeux subtils qui accompagnent l'internationalisation des échanges. Aucun joueur n'a de comportement simple. Les firmes multinationales n'ont pas toujours les mêmes intérêts que les États à partir du territoire desquels elles se sont développées. Les États sont à la fois les gardiens du système d'ouverture, car ils le jugent bénéfique à long terme, et les défenseurs des intérêts des acteurs nationaux. Les travailleurs de haute compétence construisent leurs stratégies sur des carrières internationales. Les syndicats, qui protègent plutôt les intérêts des travailleurs peu compétents, luttent pour le maintien d'activités dont le commerce international détruit la rentabilité et cherchent à éviter toute baisse des salaires relatifs. Aussi prônent-ils un certain protectionnisme. L'Organisation mondiale du commerce (OMC), enfin, s'efforce de faire respecter des règles de bonne conduite dans cette jungle d'une effroyable complexité.

Pourtant, le problème est clairement posé : refuser l'ouverture implique de se séparer de l'Union européenne (car nos partenaires ne nous suivront jamais sur ce terrain), de restructurer complètement notre industrie, puisqu'en moyenne nous exportons 40 % de nos biens manufacturés, et de se contenter d'un niveau de vie relatif plus faible. Illusoire. Accepter la mondialisation des marchés en défendant âprement nos intérêts dans les négociations commerciales internationales et surtout en aménageant nos politiques internes pour corriger les effets négatifs du libre-échange tout en tirant parti de ses avantages, telle est la seule politique réaliste.

Retenons pour le moment ce message : la *mondialisation des échanges* plonge l'économie française, soit directement, soit par l'intermédiaire du marché unique européen, dans le système des prix internationaux. Les effets qui en résultent s'ajoutent à ceux des techniques de l'information. Ils dépendent naturellement des réactions nationales.

Mais les échanges de céréales, de pétrole et de téléviseurs sont loin d'être l'aspect le plus important de la mondialisation.

Le marché international des capitaux

Deux mots sur ce marché qui semble au profane le lieu obscur de toutes les turpitudes. Rien de plus simple à comprendre pourtant : « Moi, Ulrich Schmidt, habitant Francfort-sur-le-Main, je possède un patrimoine comprenant une maison, des actions de la Deutsche Bank, des obligations de Bundestelekom et un compte en banque en Deutschmarks. Je peux vendre tout ou partie de ce patrimoine, échanger les marks obtenus contre des francs français et acheter à Paris des actions de la BNP ou des bons du Trésor. J'aurai alors des revenus en francs, mais à tout moment, je peux reconvertir ces avoirs en Deutschmarks. Est-ce une meilleure stratégie que celle qui aurait consisté à conserver mon patrimoine initial ? La réponse dépend à l'évidence de trois facteurs : l'évolution du taux de change franc français/Deutschmark (FF/DM), les taux d'inflation en France et en Allemagne, la rentabilité relative des sommes investies en France ou en Allemagne. »

Le marché international des capitaux, ce n'est pas autre chose que la possibilité pour des millions de possesseurs de patrimoine d'agir ainsi soit directement soit à travers des intermédiaires.

Un tel marché a deux caractéristiques.

La première est le rôle central qu'y jouent les anticipations. Dans son choix, Ulrich Schmidt prend en compte l'idée qu'il se fait de l'évolution future du taux de change FF/DM, des risques d'inflation en France et en Allemagne, etc. Que ses anticipations changent, et il peut décider de reconvertir brusquement ses avoirs en DM. D'où cette conséquence : les gouvernements nationaux sont contraints de gérer avec une grande rigueur leurs politiques budgétaire et monétaire sous peine de provoquer des mouvements massifs de capitaux modifiant brutalement les taux de change et désorganisant le commerce extérieur et la production nationale. Tel n'était pas le cas dans la période des Trente Glorieuses, car les mouvements de capitaux étaient soumis à autorisation.

La seconde caractéristique est moins connue du grand public. Dans le capitalisme familial d'hier, il existait un lien affectif – certes avec plus ou moins d'intensité – entre les actionnaires d'une société et cette société. Combien de familles se sont ruinées pour maintenir en vie des activités créées par leurs ascendants ? La lutte entre capitalistes et salariés revêtait donc un caractère local. Elle pouvait être vive, mais les protagonistes étaient connus. Il en était de même lorsque les salariés de l'automobile avaient un conflit avec les dirigeants de leurs industries ; les actionnaires jouaient un rôle passif et l'État se comportait plus en régulateur social qu'en défenseur de la rentabilité de Renault qu'il possédait. Par ailleurs, les circuits de l'épargne placée en actions ou en obligations n'interféraient pas avec ceux des retraites, ces dernières étant gérées collectivement par des organismes spécifiques. Rien de commun avec le paysage d'aujourd'hui. Dans de nombreux pays, aux États-Unis, par exemple, les salariés cotisent à des fonds de pension qui placent en actions d'entreprises les sommes qu'ils reçoivent et distribuent en échange des bénéfices à leurs mandants. En d'autres termes, les épargnants que sont les salariés ont besoin pour leur retraite du revenu de leur patrimoine et ils exigent des gestionnaires des fonds de pension, sous peine de licenciement, une rémunération forte et stable. Aussi ces derniers se livrent-ils constamment à des arbitrages, n'hésitant pas à vendre immédiatement les actions des sociétés qui leur paraissent insuffisamment profitables ou, s'ils possèdent une part suffisante du capital, à en changer les dirigeants. Ainsi, une société comme Péchiney, par exemple, est actuellement détenue à 40 % environ par des fonds de pension américains. Ils exercent sur le management une pression que ce dernier est bien obligé de transmettre à l'intérieur en agissant sur les coûts. Par conséquent, derrière le marché international des capitaux, une nouvelle lutte se développe à l'échelon mondial : d'un côté, les salariés d'hier qui, à travers des intermédiaires anonymes, défendent le niveau de leur retraite, de l'autre, les salariés d'aujourd'hui qui combattent pour leur rémunération du moment, mais ne peuvent en fait espérer d'amélioration que si, sur le marché du travail, augmente le coût du travail assurant le plein emploi des travailleurs de leur compétence.

Quand, dans les années 60, l'économie française était à la fois en situation de plein emploi et peu ouverte sur l'extérieur, la question de la répartition de la valeur ajoutée entre les travailleurs et les épargnants – entreprises ou ménages – avait un sens. Il n'en est plus de même aujourd'hui : le marché mondial des capitaux détermine très largement la rémunération de l'épargne et, comme il n'y a pas plein emploi, la part du travail dans la valeur ajoutée peut correspondre à des volumes plus ou moins importants de chômage. Dans ces conditions, on ne peut escamoter l'impact des coûts du travail par compétence.

L'internationalisation des entreprises

Plus importante encore que la mondialisation des marchés est l'internationalisation des firmes. Ce terme mérite quelques explications. Pour le comprendre, imaginons deux situations extrêmes : dans l'une, une firme, dont les actionnaires, les dirigeants et le personnel sont français, produit en France pour des clients situés sur le sol national ; dans l'autre, une firme dont le capital est largement réparti est cotée sur toutes les grandes places financières du monde et aucun actionnaire ne joue de rôle prépondérant ; sa direction est composée d'hommes appartenant à de nombreuses nationalités sans qu'aucun groupe national ne soit majoritaire ; ses usines, ses marchés, ses centres de recherche sont répartis entre de nombreux pays, certaines usines produisant pour le monde entier, d'autres pour le marché local seulement ; les parts du marché détenues sont significatives dans tous les grands pays.

La première firme est évidemment nationale. La seconde est communément appelée multinationale bien que le terme d'a-nationale soit plus convenable.

Aujourd'hui, seules les petites entreprises sont nationales. À l'autre bout du spectre, les entreprises a-nationales sont encore quasiment inexistantes. Mais la tendance est très nette sur l'échelle de l'internationalisation, les firmes se déplacent de gauche à droite, de la situation nationale vers la situation a-nationale.

Un exemple, le groupe Schneider. Ce vieux groupe industriel français qui, à l'aube du siècle, a exporté des locomotives, des canons, des bateaux dans de nombreux pays du monde est en miettes après la faillite de Creusot-Loire. Il se reconstruit à partir de Merlin-Gérin, une firme grenobloise qui produit des disjoncteurs, s'est déjà implantée en Italie et exporte dans le monde. Première étape : la prise de contrôle, par une OPA, de Télémécanique, une firme française de même taille que Merlin-Gérin, mais qui œuvre dans le domaine des contacteurs et a depuis longtemps des filiales dans plusieurs pays. Deuxième étape, la plus risquée : une OPA sur Square D, une firme américaine aux activités comparables. L'intérêt : avoir des noms de marque connus dans le monde, mettre en commun la recherche et le développement, acquérir une taille rendant difficile la prise de contrôle par un prédateur. Aujourd'hui, le groupe, organisé en quatre divisions géographiques – la France, l'Europe, l'Amérique du Nord, le reste du monde –, est présent sur les marchés de la plupart des pays. Est-il a-national ? Pas encore. Son capital est majoritairement français, encore que des fonds de pension américains en détiennent une forte minorité. Les administrateurs sont, pour l'essentiel, français. Le comité exécutif de sept membres est composé d'un Américain et de six Français. Les dirigeants des filiales européennes et asiatiques sont principalement français. Les usines sont réparties un peu partout et elles emploient du personnel national. La France néanmoins exporte une grande partie de sa production en Europe et dans le tiers-monde. Ce groupe, à l'évidence, n'est pas encore a-national, ses attaches françaises restent fortes, mais il n'a plus rien de commun avec une firme nationale. La conjoncture française a moins d'importance pour ses résultats que les taux de change, franc-dollar notamment. Le groupe est en concurrence avec Siemens, ABB, General Electric, Mitsubishi, Allen Bradley. Des histoires parallèles pourraient être contées pour les Ciments Lafarge, Saint-Gobain, L'Oréal.

Pour ces firmes industrielles, la mondialisation ne ressemble en rien à celle du XIXe siècle que l'on retrouve encore dans les travaux publics et qui consistait à obtenir des contrats pour des opérations difficiles dans les pays non développés. Cette mondialisation-là n'était que de l'exportation. Dans les firmes multinationales actuelles, les transferts de connaissances techniques, l'utilisation des mêmes outils de management, la libre utilisation des recherches, les contacts personnels, la globalisation de la politique financière ont autrement plus d'importance que les achats et les ventes d'un pays à l'autre. Une scission dans le personnel en est la conséquence presque nécessaire : au sommet, quelques centaines de cadres constituent l'état-major actuel ou potentiel du groupe. Ils ne sont attachés à aucun pays et leur carrière se développe d'une fonction à l'autre, d'une région à l'autre au gré des besoins ; en dehors du sommet, des dizaines de milliers d'employés relèvent de la filiale locale dans laquelle ils travaillent. Leur emploi dépend de la prospérité de cette filiale et non de celle du groupe. Les salariés vivent en permanence des conflits de culture : leur mentalité nationale peut entrer en conflit avec les habitudes du groupe pour lequel ils travaillent, habitudes héritées des usages des autres pays. Parfois, les dirigeants d'une filiale dans un pays constituent une équipe qui s'oppose sourdement, pour des raisons de fierté nationale notamment, aux instructions de l'état-major central et œuvre pour élargir les marges de jeu de la filiale.

Diriger une entreprise multinationale est une tâche délicate et, d'un groupe à l'autre, les solutions diffèrent assez largement, encore que les entreprises initialement issues d'un même pays aient souvent un air de famille.

Concluons : si l'on excepte quelques firmes du secteur public, aucune grande entreprise française n'est à l'écart de la mondialisation. Elles sont souvent tellement avancées déjà sur la voie du multinational que l'arrêt ou la régression de la mondialisation les conduirait au désastre.

L'homme de la rue pense parfois qu'il suffirait de crier « Pouce ! » comme à l'école primaire pour que chaque joueur rentre sagement dans son camp et que la tranquillité revienne avec un niveau des échanges ramené à l'indispensable. Fini les « délocalisations », les destructions d'emploi dues à l'achat de voitures japonaises ou de textiles indiens... Un rêve. Car ce même homme est à son insu l'un des artisans de la mondialisation. Il souhaite que le groupe pour lequel il travaille soit prospère, se réjouit, s'il est chez Renault, d'un progrès des ventes en Allemagne, maudit ses concitoyens qui achètent des Volkswagen, participe à l'élaboration d'un modèle conçu pour le monde entier, propose lui-même d'acheter certaines pièces à des sous-traitants étrangers dont les coûts sont moins élevés. Le samedi, il va chez Darty et achète, en électroménager, le modèle qui lui convient le mieux sans se préoccuper de son origine. L'été, il ne conçoit pas de passer ses vacances ailleurs qu'en Espagne ou sur la côte méditerranéenne de la Turquie. Cela ne l'empêche pas, s'il est de gauche, d'exiger de l'État une politique industrielle nationale, s'il est de droite, de plaider pour une Europe des patries. Les États ! Comme s'ils n'étaient pas pris eux-mêmes dans les filets de la mondialisation.

La cosouveraineté des États

Quand Gladstone ou Disraëli considéraient les intérêts britanniques en jeu, ils envoyaient une canonnière sans juger bon de rappeler la souveraineté du gouvernement de Sa Majesté. Cela allait de soi. Mais si Margaret Thatcher, du temps où elle était Premier ministre, n'a cessé de proclamer la liberté de choix du

Royaume-Uni, c'est qu'une telle indépendance ne paraissait plus évidente et qu'aux yeux de beaucoup elle avait même cessé d'être une réalité.

Les limites qui s'imposent aujourd'hui à la souveraineté des États sont considérables en droit et en fait.

Tout d'abord, les traités internationaux se sont multipliés. Souvent signés sans limitation de durée, ils contraignent les États à les respecter. Ainsi, les traités régissant l'Union européenne sont considérés comme supérieurs, dans l'ordre juridique, à la Constitution française. Ils prévoient qu'en cas de manquement la France puisse être poursuivie devant la Cour de justice de Luxembourg. Toute une série de décisions ont été ainsi transférées du parlement et du gouvernement français aux organes de l'Union européenne. Un exemple particulièrement important en sera le droit de battre monnaie quand l'euro sera introduit dans les prochaines années.

Certains diront que l'exemple européen n'est pas pertinent puisqu'il a pour but de créer une fédération ou une confédération. Ils oublient qu'il existe des textes internationaux de même nature : conventions juridiques du Conseil de l'Europe, traités de non-prolifération nucléaire ou d'interdiction des armes chimiques, déclarations des droits des Nations unies, accords régionaux de protection de l'environnement... Si quelques-uns de ces textes peuvent à la rigueur être transgressés, il n'en est pas ainsi pour les plus importants d'entre eux.

Quel peut être le nombre de pages d'engagements ainsi souscrits par le gouvernement français ? Je l'ignore. Vingt mille, trente mille, peut-être, puisque la réglementation européenne représenterait à elle seule, dit-on, plus de dix mille pages.

Une autre limite est plus traditionnelle : en dehors de tout accord, le pouvoir d'un État est borné par le pouvoir des autres. Lorsque Paris et Londres veulent en 1956 punir Nasser pour la nationalisation du canal de Suez, Eisenhower les arrête sans le moindre ménagement. Aujourd'hui, la France ne représente plus dans le monde que 1 % de la population et 5 % de la production. Si, appelée par les habitants des Comores, elle voulait réannexer ces îles, une coalition d'États s'y opposerait. Certes, il serait sans doute possible de passer outre, mais le dommage diplomatique serait sensible. Désormais, la France ne peut rien obtenir sur la scène internationale sans créer autour d'elle une coalition d'États qui soutiennent son point de vue en échange de l'appui qu'elle apporte à ces États sur des sujets les intéressant. Aux sceptiques je conseille de lire le livre d'Hubert Védrine sur la politique étrangère sous les septennats de François Mitterrand[1]. L'auteur ne souligne-t-il pas, dès les premières pages de l'ouvrage, qu'il décrit « la distance qui sépare les attentes des Français, comme celles du "peuple de gauche", et les moyens d'action dont dispose un État moderne, y compris même l'État français, à la fin du XXe siècle pour atteindre ses objectifs dans ses relations avec les autres États ».

Que l'on ne se méprenne pas. Mon propos ne signifie nullement que notre pays a perdu toute marge

1. H. VÉDRINE, *Les Mondes de François Mitterrand. À l'Élysée 1981-1991*, Paris, Fayard, 1996.

de jeu. Il souligne simplement que rien ne peut être fait sans accord avec d'autres, et l'art d'une politique étrangère est, aujourd'hui plus qu'hier, de créer en permanence les multiples groupements d'États, parfois stables, parfois fluctuants, qui permettent d'atteindre des objectifs nationaux réalistes.

Mais c'est une dernière limite qui ébranle plus profondément encore les États. Historiquement, un État se définit par un territoire et donc par la frontière qui borne ce territoire. À l'intérieur, des règles, des droits, des devoirs, une armée, une police, des agents économiques... Certes, des échanges sont possibles entre les États sous des formes aussi diverses que des guerres, des alliances, du commerce, des prêts ou des tributs, mais comme les enfants qui trient leurs billes, chaque État peut à tout instant reconnaître les individus qui sont ses nationaux, les institutions qui relèvent de sa juridiction, les provinces qui font partie de son territoire. Or, mondialisation et société d'information sont en train de bouleverser cet ordre historique en niant le territoire. Impossible d'empêcher la réception de télévisions étrangères, la mise sur Internet de livres interdits, les sorties de devises à l'occasion de voyages de tourisme ou d'affaires, l'affiliation des scientifiques à des associations internationales qui orientent leurs recherches. Peut-on imaginer un gouvernement remettant en vigueur le décret qui jadis imposait une autorisation à tout fonctionnaire français se rendant à l'étranger ? A-t-on évalué le nombre de policiers qu'il faudrait recruter pour que soit respectée la loi exigeant l'usage du français dans les colloques tenus sur notre territoire ? Ne mesure-t-on pas tous les jours l'acharnement nécessaire pour défendre les quotas audiovisuels et freiner le déferlement sur l'Europe de la production américaine de seconde catégorie ? Comme le *limes* romain au Ve siècle, les frontières craquent de toute part.

Quel est le pouvoir du gouvernement français vis-à-vis des multinationales ? Il peut certes modifier le taux de l'impôt sur les bénéfices, mais s'il dépasse par trop la norme internationale, ces entreprises ne feront plus de bénéfice en France, soit qu'elles se retirent du pays ou qu'elles y accroissent leurs dépenses. Pendant des décennies, notre gouvernement a tenté de limiter la part de marché détenue en France par IBM. Il a complètement échoué et c'est d'ailleurs que sont venus les concurrents qui ont enlevé à IBM sa toute-puissance. Lutte du pot de terre contre le pot de fer ? Pas exactement. Les gouvernements conservent des armes mais elles ne sont utilisables que dans des marges étroites et sur des points particuliers.

Désormais, affaires internationales et problèmes intérieurs sont constamment mêlés. Il est loin le temps où un ambassadeur pouvait se considérer comme le plénipotentiaire de son pays sur une terre étrangère. Aujourd'hui, ministres et hauts fonctionnaires, quel que soit leur domaine, se rencontrent constamment. La moitié de leur métier est de représenter la France dans les enceintes internationales et leurs positions ne peuvent guère s'y éloigner de celles de leurs prédécesseurs. « Ministres en France, députés au-delà » pourrait-on dire !

Simultanément, dans les pays développés, la décentralisation érode le pouvoir des administrations centrales. Communes, départements et régions choisissent et financent une part significative des investissements publics, fondent des écoles, cherchent à attirer des entreprises étrangères.

Jamais la phrase de Daniel Bell – « Les gouvernements sont en train de devenir trop petits pour les grands problèmes et trop grands pour les petits problèmes » – n'a été aussi vraie. Demain, elle sera plus exacte encore.

Les multiples acteurs internationaux

Le monde ne se réduit pas à des firmes et des États. L'une des dimensions de la mondialisation – encore un truisme – est la multiplication des acteurs internationaux dans tous les domaines. Là encore, phénomène ancien, ampleur nouvelle.

En tête, de très vieux acteurs : les mouvements religieux, dont l'organisation varie d'une religion à l'autre. Stricte pour le catholicisme, polymorphe pour l'islam. Ces mouvements imposent aux fidèles des comportements spécifiques et les incitent parfois, même dans les démocraties, à transgresser les lois nationales. Les solidarités qu'ils suscitent influencent l'évolution géopolitique. Au Proche-Orient, Israël bénéficie du soutien de la communauté juive internationale. Dans la récente guerre de Yougoslavie, la Croatie a tiré parti de ses liens avec le catholicisme.

L'Arabie Saoudite finance un peu partout un islam qui n'est guère tolérant.

À côté des religions, les sectes. Embryons de religions futures ou groupuscules ésotériques sans avenir, elles maintiennent dans leurs griffes de fer des adeptes de toutes nationalités, convaincus ou contraints.

Autre catégorie : les courants terroristes internationaux. Si la bande à Bader, les brigades rouges et plus généralement les groupes d'extrême gauche discrètement soutenus par Moscou appartiennent au passé, il n'en est pas de même du terrorisme inspiré par l'islam intégriste, de l'Algérie à l'Afghanistan. Et comment ne pas mentionner aussi les terrorismes transfrontières d'Irlande, du pays basque, de l'Anatolie orientale ?

Viennent ensuite les mafias, qui transposent à l'échelle mondiale les vieilles activités illicites qui se déroulaient jadis au niveau régional ou national.

Un sigle a été inventé, les ONG – organisations non gouvernementales –, pour désigner la foule d'associations créées pour lutter soit contre la misère dans le monde, qu'elle ait le visage de la maladie, de la faim, de la pauvreté, de la persécution, soit contre la détérioration de l'écosphère, qu'elle concerne la protection des espèces, la lutte contre le nucléaire ou la défense des paysages.

Les frontières entre ces acteurs sont souvent floues. Certaines organisations terroristes se financent avec des trafics de mafias. Certaines sectes confisquent les fortunes de leurs adhérents. Certaines organisations écologistes n'hésitent pas à recourir à la violence. Le monde d'aujourd'hui est un chaudron où se multiplient les germes bénéfiques ou vénéneux.

Moins chargées d'émotion, les associations scientifiques prolifèrent. Il y a les grandes, couvrant de larges domaines, réunissant des membres individuels ou fédérant des associations nationales. Elles organisent, tous les trois ou quatre ans, des congrès mondiaux – vastes foires – auxquels participent près de cinq mille personnes et qui se tiennent dans des villes touristiques faciles d'accès et abondamment pourvues d'hôtels modernes. Il y a les associations moyennes, au champ plus restreint, qui préfèrent les congrès annuels, parfois régionaux, de quelques centaines de personnes. Il y a les petites, spécialisées, qui publient une revue de 800 à 1 500 abonnés. Il y a la myriade de réseaux, formels ou non, qui relient quelques laboratoires travaillant sur des sujets communs.

Après les scientifiques, les professionnels. A-t-on dénombré les associations internationales de juristes d'entreprises, de directeurs du personnel, d'informaticiens, d'électriciens, d'ingénieurs de l'automobile ? Il n'est pas un cadre qui n'appartienne à une ou plusieurs de telles associations.

Il est rare aussi que les entreprises d'une même branche d'activités n'adhèrent pas à une association mondiale – association d'échanges mutuels ou de défense de leurs intérêts.

Restent enfin – mais pourquoi ma liste serait-elle exhaustive ? – les organisations intergouvernementales où chaque pays-membre est représenté par un fonctionnaire siégeant au conseil, un secrétaire général ayant autorité sur l'équipe permanente baptisée du nom modeste de secrétariat – un vocabulaire hérité du temps où il ne fallait pas porter ombrage à la souveraineté des États ! Ici aussi, éléphants et souris coexistent : ONU, FMI, Banque mondiale, OMC, Union européenne, Banques régionales de développement, OCDE, Organisation mondiale de la santé, Union postale universelle, tribunaux internationaux.

Certains peuvent penser que cette toile est sans importance, que chaque État peut déchirer quand il le souhaite les fils de ce réseau. *Quia nomino leo !* Faux, car dans un pays européen, il n'est pas un seul membre des élites, quel que soit le sens donné à ce terme, qui ne participe à de tels liens, n'y attache du prix et n'en tienne compte dans son comportement. Telle est d'ailleurs l'une des causes du fossé qui se creuse progressivement entre les élites et le reste de la population. Tandis que les uns se sentent acteurs d'une mondialisation qu'ils vivent en direct et dont ils tirent des gratifications, les autres la ressentent, à travers la télévision et le tourisme, d'une manière passive, comme un changement imposé et dont la partie visible est restreinte par rapport à la masse immergée.

L'environnement physique de la planète

L'environnement ? Un concept attrape-tout dont la défense englobe aussi bien la lutte contre une ligne électrique locale que la préservation des ours dans les

Pyrénées, la chasse aux décharges industrielles, l'hostilité au nucléaire ou l'obligation d'équiper les automobiles de pots catalytiques. Certains de ces sujets sont à l'échelle d'une rue ou d'un village, d'autres d'une province, d'autres encore d'une portion de continent ou d'une mer, d'autres enfin de la planète tout entière. Seuls ces derniers méritent d'être mentionnés ici.

Trois ont été jusqu'ici détectés : l'effet sur le climat des émissions de gaz carbonique, l'influence sur la couche d'ozone de la diffusion de certains produits chimiques, le risque que représente la diminution de la biodiversité. Sans doute demain de nouvelles menaces seront-elles mises en évidence. Qu'importe ! Il suffit d'un exemple pour comprendre les difficultés qui sont en germe.

Prenons le gaz carbonique. Il semble probable – mais cela peut se discuter – que l'augmentation de sa concentration dans l'atmosphère va se traduire par un léger réchauffement de l'atmosphère induisant une hausse du niveau de la mer et une modification de la géographie des climats. Aussi, nombreux sont ceux qui réclament dès maintenant un plafonnement puis une réduction des émissions de gaz carbonique et donc des consommations de combustibles fossiles, qu'ils soient solides, liquides ou gazeux. Mais comment définir les quotas attribués à chacun ? La hausse des consommations futures se produira en Chine, en Inde, en Amérique latine, dans des pays qui, pour leur industrialisation, vont devoir utiliser de plus en plus d'énergie. Or ils ont peu contribué dans le passé à l'accumulation de gaz carbonique dans l'atmosphère. L'équité serait de leur attribuer des quotas élevés et d'exiger en revanche des efforts considérables des pays développés, surtout ceux qui, n'ayant pas recours au nucléaire, ont contribué et contribuent encore fortement aux émissions. Pas d'accord, rétorquent les États-Unis. Que l'on crée des droits à polluer dont le prix se fixera sur un marché libre (et – sous-entendu – qu'il nous sera facile d'acheter grâce à notre richesse nationale). Autre difficulté : le réchauffement frappera différemment les divers pays. L'agriculture canadienne bénéficiera d'un climat plus tempéré, une partie des États-Unis deviendra plus aride, le Bangladesh verra l'océan Indien recouvrir une partie de ses côtes. Comment réglera-t-on à l'échelle mondiale les conflits nés des limites physiques de la planète ?

D'une autre nature est le problème du droit de la mer. Si, en dehors des eaux territoriales, une compagnie minière veut exploiter un gisement métallique situé au fond de l'océan, doit-elle payer des droits et à qui ? Plus généralement, existe-t-il un patrimoine commun de l'humanité qui n'appartienne à aucun individu, aucune société, aucun État ? Si oui, quel en est le statut juridique ? Quelle institution décide de l'usage qui en est fait ?

De longues négociations et de longs conflits en perspective. Rappelons-nous qu'il a fallu près d'un siècle et des découvertes scientifiques irréfutables pour que les gouvernements acceptent une lutte coordonnée contre les maladies microbiennes...

Tout se résume en une phrase : *par sa taille et par le niveau de ses activités, l'humanité a une influence croissante sur l'écosphère. Elle va devoir apprendre à la gérer en tenant compte à la fois des diversités d'intérêts des générations présentes et des intérêts postulés des générations futures.*

L'émergence d'une culture mondiale

Il y a une dizaine d'années, dans *Éducation et Société*[2], j'écrivais : « Avec la multiplication des transports de personnes, avec les progrès fulgurants de la communication de l'information, une culture mondiale est en train de naître sous nos yeux. Elle a sa langue : l'anglais. Elle a ses lieux privilégiés : les aéroports, les grands hôtels, les centres économiques des mégalopoles, les grands laboratoires de recherche, les stades et les hauts lieux du tourisme. Elle a ses acteurs : les grandes agences d'information, des journaux comme le *Herald Tribune*, quelques maisons d'édition, les producteurs de feuilletons télévisés, l'internationale des scientifiques, les états-majors des multinationales, les *tour operators*, les institutions intergouvernementales, les exploitants des réseaux de télécommunication, les compagnies aériennes. Elle a même sa cuisine : une forme dégradée de la cuisine française...

« À cette culture ne participe encore pleinement qu'un faible pourcentage de la population mondiale, mais il s'agit d'une culture fort complexe puisque, d'un côté, grâce aux relais des télévisions et des presses nationales, elle constitue déjà une culture de masse,

2. J. LESOURNE, *Éducation et Société. Les défis de l'an 2000*, Paris, La Découverte-*Le Monde de l'éducation*, 1988.

tandis que de l'autre, grâce à la souplesse des médias modernes, elle réunit des microcultures qui se limitent parfois à quelques dizaines ou quelques centaines de personnes – les spécialistes d'une technique par exemple – réparties de par le monde. Une culture en pleine expansion. Une culture dominante. »

Certains se sont gaussé de l'emploi de ce terme de culture pour désigner selon eux un ensemble hétéroclite d'éléments plus ou moins empruntés à la culture américaine. Libre à eux de le penser, mais cette attitude, qui rappelle le refus des musiciens classiques de reconnaître le jazz comme musique, les conduit, me semble-t-il, à négliger un phénomène essentiel. Composite, fragmentaire, historiquement dans l'enfance, la culture mondiale n'est sans doute pas encore une culture de grande civilisation, mais, selon toute vraisemblance, elle le deviendra.

Pour la vie culturelle française, la participation à la culture mondiale n'est pas une menace mais un stimulant, et même une condition de son développement. Elle n'est pas une menace puisque la survie de notre langue n'est pas en jeu. Elle est un stimulant puisque c'est en intériorisant les problèmes du monde que la culture française peut retrouver sa dimension universelle. Elle est une condition du développement puisque nos créations – notamment dans le domaine audiovisuel – ne seront viables que si elles ont accès au marché mondial.

Dans quarante ans, moins de 2 % de l'humanité parlera le français et le monde n'aura qu'un besoin marginal de la culture française. Les différents pays ne s'y intéresseront que dans la mesure où elle leur sera facilement accessible soit dans leur langue nationale soit en anglais. Si les élites françaises, au sens le plus large, refusent de participer à la culture mondiale, elles ne se parleront plus qu'à elles-mêmes, comme c'est déjà le cas pour de larges fractions de certaines professions. Nos scientifiques seront marginalisés dans les congrès. Les techniques de nos ingénieurs n'inspireront plus confiance. Nos commerçants seront désavantagés dans la concurrence internationale. Nos juristes seront exclus du droit des grandes affaires. Nos chefs d'entreprise ne comprendront pas les évolutions de la demande mondiale. Nos éditeurs devront renoncer à faire traduire la plupart de nos livres.

Ainsi, quelle que soit la direction de l'horizon vers laquelle se porte notre regard, la mondialisation est en marche. Elle bouleverse notre environnement, mais elle offre aussi un immense éventail de possibilités. À une condition : que nous nous adaptions. Si la réponse française consiste à s'enfermer derrière les murs de notre village en optant pour une attitude passive, la rupture s'élargira et nous risquerons de nous dessécher comme ces cultures qu'abandonne l'évolution jusqu'au jour où le flot trop longtemps repoussé brise les barrières et engloutit les ruines. Si, au contraire, transcendant notre universalisme d'hier, nous acceptons la mondialisation, sans servilité, sans naïveté, en exploitant nos marges de jeu avec détermination, la mondialisation peut, avec la société d'information, nous offrir un futur.

Mais l'une et l'autre mettent en cause le modèle français.

Chapitre III

L'ESSENCE DU MODÈLE FRANÇAIS

Pourquoi la France est-elle, plus que d'autres pays, secouée par les évolutions décrites dans les deux précédents chapitres ? N'est-elle pas à la fois une économie de marché et une démocratie comme les États-Unis et ses sœurs européennes ? Certes, mais ces deux termes ne suffisent pas à décrire le fonctionnement social d'une nation. Dans son livre stimulant *Capitalisme contre capitalisme* [1], Michel Albert a bien montré à quel point diffèrent les rôles des diverses institutions dans le capitalisme anglo-saxon et dans le capitalisme germanique qu'il appelle rhénan. Regardés à la loupe, les capitalismes français, allemand, italien, espagnol, britannique ont des caractéristiques distinctes, même si à l'évidence ils appartiennent à la même famille. Et une société ne se réduit pas à sa forme de capitalisme.

Pour comprendre le drame français, il faut se

1. Michel ALBERT, *Capitalisme contre capitalisme*, Paris, Le Seuil, coll. « Points Actuels », 1993.

rapporter au modèle qui a régné dans les années 60. Il devient alors facile de comprendre pourquoi ce modèle qui a connu le succès et auquel les Français sont attachés traverse aujourd'hui une crise profonde. Naturellement, le terme de modèle est ambigu. Il peut désigner un schéma, une représentation simplifiée, une carte mentale. Il peut également évoquer une sorte de perfection ou d'idéal. N'est-ce pas le même mot qui désigne les maquettes de navires et les jeunes femmes dont les portraits ornent la une des magazines ? C'est à la première de ces deux significations que je me réfère dans ce livre. Elle ne suppose aucun jugement de valeur.

Puisque dans le monde actuel le recours à des formules brutales, outrepassant la pensée, est souvent le seul moyen d'être entendu, je résumerai l'analyse d'un mot : le mal français vient de ce que, pendant les Trente Glorieuses, la France a été, *sur le plan économique*, une Union soviétique qui a réussi.

La formation du modèle

Le modèle français a des origines historiques profondes. Néanmoins, les transformations qu'il a subies à la Libération ont été d'une telle ampleur que l'on peut concentrer l'analyse sur le second après-guerre.

LA FRANCE DE 1945

À la Libération, la France est une nation qui reste incarnée dans son État, un pays qui a conservé le souvenir des luttes sociales des années 30, une société emportée par un violent désir de changement.

Dès l'effondrement du régime de Vichy, l'appareil d'État, dans sa totalité, s'est mis au service du général de Gaulle et il a suffi de remplacer les hauts responsables pour que le nouveau gouvernement dispose immédiatement d'une administration fidèle et efficace. Pourquoi ? Parce qu'en profondeur, la *nation*, qui s'était créée autour d'un *État*, n'imaginait pas la possibilité d'une absence, même provisoire, d'un tel État. Cette recherche de pérennité avait d'ailleurs animé en 1940 ceux qui avaient voulu que le gouvernement ne quittât pas le territoire de la métropole.

Nation et État se sont en France constitués ensemble. Consubstantiellement pourrait-on dire. Au fur et à mesure que s'étendait le domaine des Capétiens directs, se fortifiait la conscience d'une nation française. Cette œuvre fut continuée par les Bourbons et sera bénie par la Révolution française à la Fête de la Fédération. Elle recevra un soutien quasi unanime du pays en dépit d'une diversité linguistique plus profonde qu'il n'était à l'époque reconnu. Ainsi, jamais ne sera admise la perte de l'Alsace-Lorraine, car elle portait atteinte à l'intégrité de la nation et à celle de l'État.

Héritière de la royauté et de l'empire, la République a encore accru la légitimité de cet État en faisant de son gouvernement l'expression de la volonté populaire et par conséquent le garant des intérêts collectifs. Garant de la sécurité extérieure. Garant de l'ordre public. Garant de l'éducation obligatoire. Garant des libertés fondamentales. Bien qu'étant l'émanation de la souveraineté du peuple, cet État n'est pas comme dans les pays anglo-saxons ou scandinaves un simple instrument de gestion sociale à la disposition des citoyens. Il transcende les individus et a reçu de ces derniers une sorte d'onction laïque fort semblable à l'onction divine que les monarques recevaient jadis à Reims. Et le président de la République, en dépit de l'étroitesse de ses pouvoirs avant la Constitution de 1958, apparaissait encore comme un personnage sacré, une sorte de roi sans couronne.

Servir l'État confère à tout fonctionnaire un certain niveau de respect. Comme le prêtre qui, au nom de l'Église, est au service de Dieu, l'agent public ne travaille pas pour lui mais pour l'État, c'est-à-dire pour la société.

Regardons autour de nos frontières : aucun de nos voisins n'a une telle tradition de l'État. Morcelée au cours de son histoire en multiples entités politiques, l'Allemagne trouve son authenticité dans la *Deutschtùm* et reste attachée au caractère fédéral de sa République. L'Angleterre a certes la cohérence d'une nation dont les citoyens sont représentés par un Parlement souverain, mais elle n'a nullement une tradition dans laquelle l'État s'impose à la collectivité ! La Magna Carta, le protestantisme et les révolutions du XVIIe siècle ont empêché que se développe une telle conception sociale. L'Italie n'a pas oublié la diversité de ses territoires, et les provinces les plus riches et les plus entreprenantes y méprisent l'État romain, qu'elles jugent inefficace et corrompu. Autre histoire encore, l'Espagne... À quoi bon continuer !

Si elle n'a pas la même conception de l'État, la France de la Libération partage du moins avec les autres pays européens le *souvenir des luttes sociales des années 30*. Les pays européens ont tous souffert des conséquences sociales de la révolution industrielle. Certes, ils ont connu augmentation du revenu et expansion de la démocratie, mais ils ont été déchirés par l'opposition entre le prolétariat et la bourgeoisie. Et jamais cette blessure n'a été plus profonde qu'entre les deux guerres.

Dans le Royaume-Uni de la Grande Dépression, dans la République de Weimar brûlée par le nationalisme et les luttes sociales, dans l'Italie déçue des années 20, dans l'Espagne de la guerre civile, dans la France des Croix de feu et du Front populaire.

C'est au cours de cette période qu'a achevé de se former l'idéologie qui fonde encore largement les convictions de la gauche actuelle : injustice, insécurité, inefficacité sont les attributs d'une société qui s'en remet au marché. Aussi faut-il transférer à l'État les instruments de commande de l'économie : la monnaie, le crédit, les services essentiels, les investissements structurants, la politique fiscale, les conditions de travail et les règles de rémunération.

En 1945, deux écoles de pensée partagent cette conviction : les marxistes, qui représentent la moitié des sièges dans la première Assemblée constituante et se divisent eux-mêmes en deux groupes d'influence à peu près égale, socialistes et communistes, que séparent l'attitude à l'égard de l'URSS et l'acceptation ou le refus du totalitarisme ; les chrétiens-sociaux, qu'incarne le MRP, et qui seraient très proches des socialistes si la querelle de la laïcité ne creusait entre eux un infranchissable fossé. Ces deux écoles qui réunissent en 1945 les trois quarts des députés partagent une même aspiration : cicatriser enfin la plaie sociale qu'a engendrée la révolution industrielle.

Quant au dernier quart des députés, il réunit les libéraux avec, d'un côté, les radicaux-socialistes de tradition voltairienne, de l'autre, les indépendants qui défendent l'entreprise privée et le catholicisme conservateur. Mais, quelle qu'ait été l'attitude individuelle des libéraux pendant la guerre, leurs idées sont devenues marginales car ils ne sont pas considérés comme émanant de la Résistance telle que se la sont appropriée PC, PS et MRP.

Fini le cauchemar des années 30, ont clamé les Français de 1945. Nous voulons *le changement*. Rien ne le montre mieux que leur vote au référendum d'octobre 1945. Lorsque Édouard Herriot, qui décidément n'a rien compris, propose que soit remise en vigueur la Constitution de 1875, quitte à l'amender ensuite, il provoque une telle déception que son parti qui était l'axe des majorités d'avant-guerre sort balayé des premières élections.

C'est dans ce climat d'enthousiasme, d'espérance, d'illusion, de volontarisme que se décident en quelques années les réformes qui vont donner naissance au modèle social des Trente Glorieuses.

LES RÉFORMES D'APRÈS-GUERRE

Sans vouloir être exhaustif, faisons le tour des grandes réformes qui, à la fin des années 40, ont transformé la société française. Elles ont notamment affecté le crédit, les activités productives, les services de l'État-protecteur, le marché du travail et les prix.

Pour contrôler le *crédit* et le *financement des investissements*, l'État nationalise les grandes banques de dépôt : Crédit lyonnais, Société générale, Banque nationale du commerce et de l'industrie, Comptoir national d'escompte de Paris. Placé sous la tutelle du Trésor, l'ensemble doit se plier à des directives strictes qui segmentent le marché des capitaux et administrent les taux en fonction des usages. Les banques d'affaires restent privées. Une concession anormale aux yeux des partisans de l'économie planifiée qui finiront par obtenir leur nationalisation – éphémère – au début des années 80.

Après les capitaux, les *activités productives* et tout d'abord l'énergie. Les jeunes générations imaginent difficilement à quel point elle est, à l'époque, considérée comme le fondement de la puissance industrielle et de la prospérité économique. N'est-ce pas l'énergie qui a permis de susbtituer la machine à la force physique de l'homme prolongée par l'outil ? N'est-ce pas la présence de gisements de charbon qui a rendu possible le décollage industriel de l'Angleterre, de la Belgique francophone, de la Ruhr, de la Silésie ? Or le secteur énergétique implique des investissements considérables dont la rentabilité est à long terme. Il suppose le contrôle de ressources capables d'assurer l'indépendance nationale. Une industrie d'armement peut-elle être autonome si des acteurs extérieurs peuvent couper ses sources de matières premières et en premier lieu de combustibles ? D'où la nationalisation du charbon, de l'électricité, du gaz et le développement d'initiatives publiques en matière de pétrole. À côté du groupe de la Compagnie française des pétroles, issu de la dévolution à la France d'une partie du pétrole irakien, se multiplient les sociétés d'État qui, en fusionnant, donneront un jour naissance à Elf. Une anecdote restituera le climat de l'époque : certains proposent de recourir à la quantité d'énergie consommée pour fixer les prix de certains produits industriels ! Comme si dans la valeur du kilo de pain ne comptaient pour rien l'usage de la terre, le travail de l'agriculteur, la sélection des semences et que ne devait intervenir que le combustible ayant servi à produire le soc de la charrue. Un magnifique exemple de l'incompréhension du système des prix.

À côté de l'énergie, l'acier. Contrairement à la Grande-Bretagne, il échappera en France à la nationalisation, mais le développement du secteur est entre les mains de l'administration, qui en finance les investissements à l'aide de prêts à taux d'intérêt réduit. Un des dirigeants du secteur me dira vers 1970 : « Vous voulez des détails sur nos comptes, demandez-les à l'administration. Ils les connaissent mieux que nous ! » Comme la mule du pape, la gauche n'oubliera pas son échec de 1946 puisqu'elle nationalisera la sidérurgie en 1981. Une vieille réminiscence du temps où les productions de charbon et d'acier étaient considérées comme le lait des deux mamelles de la France.

Dans l'esprit de l'époque, il est naturel que soit aussi dans le giron de l'État l'industrie d'armement, mais l'essentiel est déjà fait. Les arsenaux assurent la construction des bâtiments de guerre et de la majorité du matériel de l'armée de terre. Il existe un service des poudres et explosifs. La construction aéronautique a été nationalisée en 1936. L'heure est plutôt aux restructurations et à la reconstruction.

Une branche jugée stratégique : les communications. Les PTT constituent un ministère. Les routes relèvent du ministère des Travaux publics, la construction et l'exploitation des chemins de fer, de la SNCF. Air France défend les trois couleurs dans l'espace aérien. Des licences et une tarification routière obligatoire encadrent le transport routier même s'il est effectué par des entrepreneurs privés.

Un domaine où la réglementation est ancienne et complexe : l'agriculture. Cette activité emploie une fraction si élevée de la population active et détient une puissance électorale si considérable que la politique gouvernementale doit concilier l'amélioration de l'efficacité des exploitations et l'augmentation du revenu des agriculteurs.

Dernier secteur où l'État intervient par sa réglementation, ses financements, ses sociétés d'économie mixte : le logement, car la politique des années 30 et les destructions de la guerre ont créé une pénurie dont souffre toute la société. Le grand virage est achevé en 1948 : le marché est segmenté en HLM, construction aidée et secteur libre, les professions sont définies, les loyers libérés, sauf pour le parc de logements sociaux.

Certes, dans cette France d'après-guerre, les entreprises privées dominent dans de nombreuses branches : les matériaux de construction, le bâtiment et les travaux publics, la construction mécanique et électrique, la chimie, le papier, le verre..., mais ces entreprises reçoivent une grande part de leurs commandes du secteur public au sens large. Une forte symbiose s'instaure entre l'appareil d'État et les groupes privés. Il existe pourtant des niches peu dignes de considération : la distribution, l'hôtellerie, le tourisme. Les entreprises privées françaises vont y faire merveille et se montrer capables de soutenir la concurrence internationale.

Simultanément, la puissance publique gère les *services – en général non marchands – de l'État-protecteur*. De l'école maternelle à l'université, le ministère de l'Éducation nationale administre les établissements scolaires, à l'exception des écoles privées, principalement catholiques, que d'aucuns souhaiteraient voir interdites ou tout au moins ne recevoir aucun liard d'argent public. Sécurité sociale, retraites et allocations familiales ne concernent encore qu'une fraction des individus, mais constituent déjà l'un des socles de la cohésion sociale en contribuant à la réduction des inégalités face à la maladie et à la vieillesse.

Enfin, dernier volet, l'État ne peut se désintéresser du *marché du travail* et des *prix*. Des prix parce qu'à tout moment l'inflation menace et que l'opinion publique y voit la main des spéculateurs accroissant indûment leurs marges (aussi, le contrôle des prix, né pendant la guerre, ne disparaîtra-t-il que vers la fin des années 70). Quant au travail, comment nier sa double nature de service marchand et de source principale – et souvent exclusive – du revenu des ménages ? Relèvent de décisions publiques ou d'accord entre partenaires sociaux le salaire minimum interprofessionnel garanti, la durée hebdomadaire du travail, le nombre de semaines de congés payés, l'âge de la retraite, les taux des cotisations sociales à la charge des employeurs et des salariés, les rémunérations du secteur public, les dispositions du droit du travail...

Mais, objecteront certains lecteurs, certaines de ces réformes ne sont pas spécifiques à la France. Le Royaume-Uni travailliste est l'inventeur du *Welfare State*. L'Italie possède un important secteur public (d'origine mussolinienne, d'ailleurs), l'économie sociale de marché allemande assure la protection des travailleurs.

Oui, les sociétés européennes ont un air de famille, mais au-delà de ces traits communs, elles gardent leur spécificité.

Si, dès 1950, sont en place les principales dispositions juridiques qui sous-tendent le modèle français de régulation économique et sociale, ce modèle a des ressorts plus profonds.

Décrire ces ressorts aide à comprendre la réussite du modèle pendant vingt-cinq ans et principalement au cours des années 60.

Le modèle des années 60

J'ai le souvenir d'une étude effectuée aux alentours de 1970 sur les représentations économiques des Français. Le résultat avait été atterrant : la plupart des personnes interrogées n'avaient pas la moindre vision du fonctionnement du système économique. À leurs yeux, le gouvernement était libre de choisir les prix comme il l'entendait et il était responsable de tous les dysfonctionnements. Comme devait le dire plus tard Louis Mermaz avec la même ingénuité : « Il n'y a pas de système économique, il n'y a que des politiques économiques. » En d'autres termes : « Au commencement était l'État... »

Aussi est-ce par la fonction publique que commencera notre voyage au sein du labyrinthe du modèle français. De la fonction publique il sera facile de passer à la haute administration, puis aux entreprises, à l'oligopole social, aux circuits de financement. Et enfin aux privilèges grands et petits...

LA FONCTION PUBLIQUE

Profession : fonctionnaire[2], tel est le titre qu'a choisi pour l'un de ses livres François Bloch-Lainé, l'un des plus éminents représentants de cette fonction publique des années 60. Un titre significatif.

---

2. F. BLOCH-LAINÉ, *Profession : fonctionnaire*, entretiens avec Françoise Carrière, Paris, Le Seuil, 1976.

Fonctionnaire, on le devient généralement par un concours. Anonyme, impartial, ce concours donne droit à un poste dans un des multiples corps de l'État. « *Tu es sacerdos in aeternum...* » L'entrée dans la fonction publique permet d'y passer toute sa carrière jusqu'à l'âge de la retraite. En effet, le concours confère une sorte de sacrement laïque. Il est un titre nobiliaire, accordé non en vertu de la naissance, mais du mérite – du moins tel que le mesurent des épreuves écrites et orales n'ayant souvent qu'une relation assez lointaine avec les capacités professionnelles souhaitables.

Cette fonction publique s'enracine profondément dans la mémoire collective. Il y a d'un côté la longue lignée qui va des légistes de Philippe le Bel aux intendants de Louis XV. Il y a de l'autre l'héritage de la Révolution française qui a aboli les privilèges de la noblesse et remplacé le bon vouloir arbitraire du roi par un accès ouvert à tous, un accès qui, dans une société professionnelle haïssant le favoritisme, ne peut résulter que d'une sélection anonyme.

Ainsi s'est mis en place un puissant mécanisme de promotion sociale. Dès l'école primaire, les instituteurs (eux-mêmes produits et partie prenante du système) incitent les plus brillants de leurs jeunes élèves à poursuivre leurs études quelle que soit leur origine sociale. Ils convainquent les parents, les incitent à faire des sacrifices, font attribuer des bourses à ces élèves (par concours naturellement). Des enfants d'ouvriers ou de paysans deviennent ainsi employés des postes, percepteurs, enseignants, officiers. À la seconde génération, se met en route le deuxième étage de la fusée qui, par le biais des grandes écoles, propulse au sommet de l'administration les plus doués pour les concours.

Cette fonction publique a une éthique : servir la collectivité au nom de l'État. Elle ignore la corruption, veille à l'égalité de traitement des administrés, assure ce qui est strictement dû à l'usager, applique les règlements. À une énorme conscience professionnelle et à une indiscutable vocation les fonctionnaires joignent la certitude que seule l'administration sait ce qui est bon pour la collectivité. Mais le sourire n'accompagne pas toujours les prestations. Tout fonctionnaire ne détient-il pas une parcelle, soit-elle infime, de la puissance divine de l'État ?

Les mêmes principes engendrent, à l'intérieur de l'administration, ce que Michel Crozier a appelé le *phénomène bureaucratique*[3] : des strates hiérarchiques superposées, des communications impersonnelles entre les niveaux, des règles d'avancement strictes et relativement égalitaires. La seule grande inégalité tolérée reste la différence de niveau des concours qui distribuent entre les corps au début de la carrière et créent des discriminations auxquelles il est ensuite impossible d'échapper.

Inutile de dire que cette culture, qui a sa grandeur et ses mérites, a horreur du face à face, du jugement, de l'aventure. Elle privilégie l'écrit et l'obéissance à des textes qui prévoient toutes les éventualités. Nul ne peut se plaindre qu'un receveur des postes

3. M. Crozier, *Le Phénomène bureaucratique*, Paris, Le Seuil, coll. « Points », 1971.

a interdit à Pontarlier ce qu'un autre a permis à La Rochelle. La fonction publique est un élément identitaire. Elle garantit l'homogénéité du territoire. Un seul prix du timbre-poste, un seul prix du kilomètre en chemin de fer, une seule durée du service militaire, un seul sujet d'examen à l'entrée à l'École polytechnique...

La comptabilité publique ? Elle ne cherche nullement à évaluer l'efficacité de la gestion ou la pertinence des décisions. Son sujet est d'assurer que tout franc perçu ou dépensé l'est selon les règles. Là se manifeste l'attitude à l'égard de l'argent d'une partie de la société française. Dans ce pays où les négociants n'ont jamais joué les premiers rôles, le profit a mauvaise odeur. Il est toujours censé révéler un abus de position dominante ou cacher quelque malversation... Aussi le fonctionnaire est-il celui qui échappe à ce cercle douteux de l'achat et de la vente. Il perçoit ce qui est autorisé. Il dépense ce qui est permis.

Une autre composante de cette culture est la pérennité. N'aura-t-on pas toujours besoin d'écoles, de tribunaux, d'armée, de postes, de routes, de chemins de fer ? Charles Fiterman, ancien ministre communiste des Transports, à qui je demandais s'il n'eut pas fallu fermer des lignes de chemin de fer, me répondit : « A-t-on jamais fermé des routes ? » Une réponse significative. Et pourtant, on a supprimé la marine à voile et créé les télécommunications ! Le fonctionnaire a l'éternité devant lui : il s'attend chaque année à ce que l'on recrute au moins autant de nouveaux collègues qu'il en part à la retraite et ainsi jusqu'à la fin du monde.

Dans la société française du premier XXe siècle, il est pour les ouvriers et les paysans un modèle : instruit, honnête, laborieux, ne travaillant pas de ses mains, sans propriétaire ni patron, il a gagné sécurité, indépendance et dignité. Certes, les notables, les négociants et les commerçants, les petits industriels et les gros capitalistes le regardent avec quelque condescendance à cause de la modestie de ses revenus, mais il appartient, dans l'inconscient collectif, à la colonne vertébrale de la société.

Bureaucratie hiérarchisée à la soviétique ? Oui, mais avec une différence essentielle : en URSS, où tout citoyen est fonctionnaire, l'appartenance à la fonction publique est dénuée de signification. En France, le fonctionnaire a un statut et il se sent distinct des autres travailleurs. Dès lors, l'*esprit de corps* assure un minimum de rigueur dans les comportements.

LA HAUTE ADMINISTRATION

Dans la galaxie publique, la *haute administration* constitue un système planétaire *sui generis*. Issus des grandes écoles ou de concours particuliers, ses membres encadrent les directions centrales des ministères, dirigent la plupart des organismes et des entreprises du secteur public, occupent les principaux postes de l'État répartis sur le territoire national. Ambitieux, actifs, compétents, ils n'ont qu'une volonté : refaire de la France, après l'effondrement de 1940, une nation moderne, prospère et respectée. Quelles sont les armes à leur disposition ? La maîtrise des techniques, le recours au calcul économique, le contrôle des grands équilibres économiques, la régulation du progrès social, la rédaction et l'application de textes réglementaires. Inutile de mentionner qu'ils pourfendent le malthusianisme d'entre les deux guerres et sont des partisans acharnés de l'investissement et de la croissance.

Pour eux, la France ne doit être absente d'aucune grande aventure technologique. Une tâche que les groupes privés sont incapables d'assumer compte tenu de l'étroitesse de leur financement et de l'accent qu'ils mettent sur la rentabilité à court terme. Qu'il s'agisse d'énergie nucléaire, d'équipement hydroélectrique, de modernisation des mines de charbon, de développement de la sidérurgie, de construction aéronautique civile et militaire, de préparation des TGV, d'extension du réseau téléphonique, de recherche pétrolière, c'est à l'État de financer et de mener jusqu'au succès ces aventures qui seront poursuivies avec constance et vigueur pendant des années.

Simultanément, la haute administration se rallie plus ou moins au calcul économique, c'est-à-dire à l'évaluation de la rentabilité des investissements pour la collectivité. Une rentabilité distincte de la simple rentabilité financière, car elle tient compte des améliorations de confort, des gains de temps, des économies de devises, bref, de tous les effets induits de l'action publique, et se réfère à un taux d'intérêt fixé par le Commissariat général au plan, taux qui diffère de ceux pratiqués sur les marchés.

Dans la vie quotidienne, des oppositions peuvent se faire jour entre les ingénieurs de l'État qui insistent sur la perfection technique et ceux qui privilégient la rentabilité collective, mais chez les uns et les autres, la philosophie de l'action est en profondeur identique.

La haute administration se considère aussi comme garante des trois grands équilibres macroéconomiques : la stabilité des prix, le plein emploi, l'équilibre des comptes extérieurs. Face à une société convaincue qu'un peu d'inflation est bénéfique car elle désavantage les épargnants – ces capitalistes en puissance – et soutient l'activité économique, face à des gouvernements soumis aux pressions des groupes organisés, la rue de Rivoli lutte pied à pied, limitant les incartades et suscitant dévaluation et plan de rigueur quand la situation commence à échapper à son contrôle. Elle segmente et gère aussi le marché des capitaux et supervise, par l'intermédiaire du Fonds de développement économique et social, les choix publics en matière d'investissement.

De par leur engagement au service de la collectivité, les hauts fonctionnaires ne peuvent être que favorables au progrès social et à un partage des « fruits de la croissance ».

En matière d'éducation, ils soutiennent, dans le prolongement des lois de Jules Ferry, le grand projet de constitution d'un service public qui, prenant la totalité d'une génération d'enfants au cours préparatoire, la conduit jusqu'au baccalauréat. À ce sujet, ils ne font d'ailleurs que s'aligner sur l'attitude générale des fonctionnaires.

En matière sociale, ils sont favorables à la fois à une réglementation du marché du travail qui protège les travailleurs face à l'arbitraire des patrons, à une amélioration des salaires et des conditions de travail au fur et à mesure que s'accroît le revenu national, à une extension progressive de la couverture sociale à tous les individus. Un homme, par son action, illustre cet état d'esprit : Pierre Dreyfus, qui sera pendant des années le P-DG de Renault.

À quelques exceptions près, la haute administration répugne à l'idéologie. Elle travaille pour la collectivité sans être ni marxiste ni libérale. Elle vit sur une planète distincte de celle des intellectuels qui, au lendemain de la guerre, s'étaient presque tous situés dans l'orbite du parti communiste. Elle adhère à l'idée de planification, mais la conçoit comme une planification souple orientant les choix des investissements structurants.

Cette haute fonction publique professe une vulgate macroéconomique que, par l'intermédiaire du Commissariat général au plan, elle finit par faire partager aux syndicats. C'est la vulgate du cercle vertueux de l'investissement : l'investissement permet à la fois d'augmenter la productivité, c'est-à-dire de réaliser la production avec moins de travailleurs, et d'accroître cette production en utilisant les travailleurs ainsi libérés. Cette production accrue est acquise par les travailleurs, dont les revenus ont été augmentés grâce aux améliorations de productivité, et par les entreprises, qui continuent à investir. Il suffit de vérifier qu'à tout moment le partage est équitable entre travail et capital, consommation et épargne. On remarquera que cette vulgate, ne concernant que la régulation d'ensemble de l'économie, n'a pas besoin de se référer aux prix, aux taux d'intérêt, ou au coût du travail. Aussi peut-elle être acceptée tant par les marxistes que par les libéraux, tant par les patrons que par les syndicats.

La haute fonction publique enfin est celle qui prépare les textes, des lois aux arrêtés. Apolitique, elle sert son ministre quel qu'il soit, tout en veillant à la continuité et à la cohérence de l'action de l'État. Insensible à la corruption, elle assure la marche des affaires avec un professionnalisme certain et une diligence raisonnable, du moins tant qu'elle n'a pas à faire face à des ruptures de grande ampleur.

LE SECTEUR PRIVÉ

Le monde des entreprises privées françaises a pour particularité que les entreprises moyennes y sont peu nombreuses et que les grandes ne sont pas, par rapport à leurs sœurs étrangères, si grandes que cela...

Les grands groupes vivent dans l'orbite de l'État. Lorsqu'ils produisent des biens d'équipement et des biens intermédiaires, leurs principaux clients sont les administrations ou les entreprises publiques. L'État les assiste, quoique souvent maladroitement, dans leur politique d'exportation, finance une partie de leurs recherches par l'intermédiaire de contrats, autorise ou interdit les rapprochements ou les fusions. Lorsque Roger Martin envisage un accord entre Rhône-Poulenc et Saint-Gobain-Pont-à-Mousson, il se heurte à un refus catégorique de Georges Pompidou.

Plus important, peut-être, l'État les laisse recruter pour leurs directions générales les meilleurs de ses hauts fonctionnaires. Avec un double effet : ces « pantouflards », comme on les appelle, ont une connaissance du secteur public dont ils font bénéficier leurs entreprises ; ils deviennent préposés à la traite des vaches publiques, comme le fit Ambroise Roux pendant toute sa carrière. Et dans le même temps, la majeure partie d'entre eux apportent, dans le secteur privé, l'éthique du secteur public : la croissance avant les dividendes, les salaires avant les profits. Ils hésitent socialement à prendre des positions dures et acceptent que leurs groupes se transforment en conglomérats d'activités multiples dont un pourcentage notable n'atteint qu'une faible rentabilité.

Ainsi, progressivement, les patrons des grands groupes privés acceptent que rémunérations et conditions de travail fassent l'objet de règles qui s'inspirent de celles de la fonction publique. Le public déteint sur le privé et non l'inverse. C'est pourquoi, en dépit du caractère scandaleux du propos, il ne me paraît pas si absurde de comparer la France à l'Union soviétique.

Le partage des tâches entre secteurs public et privé n'est pas sans graves conséquences. Aucun groupe privé n'a en effet des possibilités financières suffisantes pour venir au secours d'une grande entreprise en difficulté. Ainsi, lorsqu'en 1963 éclatera l'affaire Bull due à l'insuffisance du logiciel prévu pour le nouvel ordinateur, la première banque d'affaires française qui est le banquier de Bull sera incapable de réunir les fonds permettant de sauver la compagnie et se tournera vers l'État, puis en désespoir de cause vers l'Américain General Electric.

En dépit de ces réserves, les grandes entreprises françaises sont dynamiques et tournées vers l'avenir. Elles connaissent de remarquables réussites en particulier dans le secteur des services, qui est moins encadré par l'État.

Le monde des petites entreprises exhale un parfum tout différent. Les hauts fonctionnaires le dédaignent. Pas question pour eux d'y faire leur seconde carrière. La population des PME est difficile à décrire. Dans son hétérogénéité, le meilleur côtoie le pire. Le meilleur ? Des entreprises jeunes créées après la guerre par des patrons courageux et dynamiques mais à la formation souvent insuffisante. À côté, un petit commerce et des grossistes trop nombreux grevant les coûts de distribution et qui seront progressivement balayés par l'apparition des centrales d'achat et des grandes surfaces, des firmes industrielles familiales rescapées de la guerre et qui ont su plus ou moins se moderniser à l'occasion de la reconstruction. L'ensemble vit, grouille, s'adapte, suit la croissance, vilipendant l'excès de réglementation, le montant des prélèvements fiscaux, la lourdeur des charges sociales, prônant les vertus du marché et de la libre concurrence, en défendant toutefois bec et ongles les multiples petits privilèges dont bénéficie telle ou telle activité.

Services et industries absorbent la main-d'œuvre comme une pompe aspirante. Ils permettent à l'agriculture de voir diminuer les effectifs qu'elle emploie tout en augmentant le volume de la production. Mais les milieux agricoles, dont l'influence politique est sans commune mesure avec le poids économique, s'assurent de la montée régulière des revenus agricoles. Les transferts au bénéfice de ce secteur prennent les formes les plus diverses, des garanties de prix au soutien à l'électrification rurale, des primes diverses à l'assistance au remembrement. Et le gouvernement français sera, au sein de la Communauté européenne, l'inspirateur de la Politique agricole commune.

L'OLIGOPOLE SOCIAL

L'ensemble des technostructures représentant les groupes organisés, cet ensemble que j'ai jadis baptisé oligopole social, constitue l'une des composantes essentielles du modèle des années 60. Les représentants de ces groupes se réunissent en permanence, autour du Premier ministre dans les grandes occasions, dans les commissions du Plan régulièrement, lors de rencontres paritaires patronat-syndicats (au niveau national ou par branches), dans les conseils de gestion des organismes sociaux, lors de contacts bilatéraux État-syndicats ou État-patronat.

La « géographie » de ces rencontres est évidemment marquée par les caractéristiques du syndicalisme français. Ce syndicalisme résulte au XIXe siècle de la constitution d'un prolétariat ouvrier à la suite de la révolution industrielle. Ce syndicalisme agit sur deux plans, comme le montre clairement le comportement de sa centrale dominante, la CGT : d'un côté, il est porteur d'un projet de transformation de la société tout entière, de l'autre, il négocie des accords avec les autres membres de l'oligopole social en fonction des rapports de force du moment.

Le projet découle de la Bible : dans une économie de marché, la démocratie « bourgeoise » n'est qu'un trompe-l'œil, les capitalistes exploitent la classe ouvrière. Dès lors, les travailleurs doivent être solidaires, car leur sort ne dépend pas de la réussite de la firme pour laquelle ils travaillent. Les intérêts des ouvriers de Renault sont identiques à ceux des ouvriers de Peugeot... Pour que cesse l'exploitation, il faut que l'État prenne le contrôle de l'essentiel des activités productives et que les travailleurs prennent le contrôle de l'État. Dans l'intervalle, pas question de cogestion, ce serait pactiser avec l'ennemi. À la Libération, les conditions ont été réunies pour faire un grand pas dans la direction souhaitée. Il n'en est plus de même au cours des années 60. Le rapport des forces a changé. Il faut défendre le statu quo et lutter à la fois contre un État qui n'est pas encore socialiste et contre les exploiteurs du secteur privé. La CGT d'alors est, comme on le sait, sous l'emprise du parti communiste, un « sous-marin » assurant toujours à ce dernier la majorité au sein du comité directeur.

Dans la vision du déterminisme historique la victoire du socialisme est une certitude, tandis qu'en période de croissance salaires et conditions de travail ne cessent de s'améliorer. D'où la notion d'avantages acquis irréversibles et non négociables, les négociations ne pouvant porter que sur un supplément.

L'imaginaire de FO n'est pas à l'origine très différent de celui de la CGT. FO récuse seulement, comme le parti socialiste, l'alignement sur l'URSS et l'acceptation, pour le bien de la révolution, des entorses aux droits de l'homme. Mais la centrale se distingue de sa grande sœur par une troisième différence, moins visible : beaucoup plus tiède est l'intensité de sa foi dans le dogme. Aussi se contente-t-elle de gérer les structures mises en place en 1945 en veillant à ce que la situation de ses mandants ne cesse de s'améliorer.

Le syndicalisme chrétien est dans une position plus délicate. Il ne peut adhérer à la vision marxiste de l'histoire et se réfère à la doctrine sociale de l'Église, juste rémunération des travailleurs et juste répartition des biens entre les membres de la société. Sur ces bases, il adhère à l'équilibre entre l'État et le marché, né des compromis de l'après-guerre. En son sein, toutefois, va naître un mouvement qui conteste l'organisation concrète des unités de production et la situation faite aux travailleurs. Ainsi s'amorcera le schisme qui, à côté d'une CFTC affaiblie, donnera naissance à la CFDT.

Le syndicalisme français n'est pas organisé par métiers, mais par branches. Aussi ne s'oppose-t-il pas, contrairement à ce qui se passe au Royaume-Uni, aux réorganisations internes qui, dans l'appareil productif, proviennent du progrès technique et de la croissance. Dans le modèle de 1960, les syndicats français ne sont pas malthusiens.

Les syndicats autonomes ou les syndicats de l'enseignement sont plus corporatistes. Pour eux, pas question de confondre un tractionnaire de train et un simple cheminot de la SNCF, un certifié et un agrégé.

Comment fonctionne, compte tenu de la nature du mouvement syndical, l'oligopole social ?

Pour l'administration, l'existence de cet oligopole est une bénédiction, car elle a besoin d'interlocuteurs qui lui expliquent des problèmes dont elle n'a souvent qu'une vision abstraite et qui lui fassent des propositions. Il en est de même pour les entreprises publiques, quoique dans une moindre mesure, car les directions générales y ont une meilleure connaissance de la situation. Au niveau des branches industrielles dont chacune regroupe à cette époque plusieurs entreprises, les patrons trouvent dans les accords l'avantage d'une certaine homogénéisation des conditions de concurrence. Toutefois, les organisations syndicales structurent les demandes des travailleurs en privilégiant des thèmes traditionnels apparus depuis des décennies : le niveau des salaires, le salaire minimum (SMIG puis SMIC), les durées du travail hebdomadaire et annuelle, l'âge de départ à la retraite. Viennent ensuite, pour une administration, une entreprise publique ou une branche professionnelle, l'énumération des métiers, la définition des filières, les règles de progression dans les grilles, la définition et la reconnaissance des qualifications. Dans l'imaginaire collectif des travailleurs le secteur public est un modèle – qu'il convient certes de perfectionner – sur lequel les grandes entreprises privées devraient progressivement s'aligner. D'où ce cycle vertueux : la durée de la scolarité s'allonge, elle accroît les qualifications, donc les positions de départ dans les grilles et la rémunération augmentent soit par l'élévation des grilles induite par la prospérité générale, soit grâce au mérite acquis par l'ancienneté ou l'obtention de qualifications nouvelles.

Ce système protège l'individu et l'ignore tout à la fois. Ses compétences réelles s'effacent derrière les diplômes censés les mesurer. Les difficultés que rencontrent les petits groupes à l'intérieur de l'atelier, de l'usine, de l'école sont métamorphosées pour prendre l'aspect des revendications que sait et veut gérer le syndicat. C'est ce qu'Henri Vacquin appelle, avec une brutalité judicieuse, l'« assassinat » des problèmes.

D'une manière générale, l'oligopole social cherche à retirer au marché la détermination des variables économiques affectant particulièrement ses mandants, qu'il s'agisse du prix du blé, des règles du fermage, du tarif des consultations médicales, de la rémunération des heures supplémentaires, etc.

L'oligopole social a des lieux où il se retrouve : les commissions du Plan, qui lui permettent d'être informé sur les problèmes de la nation ; les administrations d'État, où le personnel, géré de manière presque anonyme, confie la défense de ses intérêts à des syndicats auprès desquels sont détachés de nombreux fonctionnaires ; les entreprises publiques, aux conseils desquelles siègent les syndicats et d'autres partenaires sociaux ; le système très complexe des retraites et de la sécurité sociale, contrôlé, avec des modalités qui varieront dans le temps, de manière paritaire entre le patronat et les syndicats. En revanche, dans les entreprises privées, l'influence des syndicats est très variable d'un secteur à l'autre, d'un groupe à l'autre, d'une région à l'autre. Quant à l'oligopole social agricole, il forme une constellation à part avec ses écoles, ses organisations, sa mutualité, sa banque (le Crédit agricole)...

LES CIRCUITS DE FINANCEMENT

Dans le modèle français coexistent avec des relations subtiles trois grands circuits de financement :

— le premier résulte du financement séparé de la sécurité sociale et de la retraite. Chaque année, les cotisations payées par les entreprises et les salariés sont censées couvrir les prestations d'assurance-maladie tandis que les paiements faits par les actifs au titre de leurs retraites sont répartis entre les retraités. C'est le principe des retraites par répartition, qui ne relie pas strictement le montant de la retraite versée à un travailleur à la valeur du capital qu'il a épargné par ses paiements passés. En réalité, le système est d'une effroyable complexité à cause de l'existence, dans le domaine de la santé, des mutuelles qui complètent la sécurité sociale, et, dans le domaine des retraites, des organismes de retraite complémentaire et des régimes spéciaux ;

— le second circuit de financement est celui que maîtrise l'État, par ses prélèvements fiscaux et par ses emprunts, et qui assure la couverture des dépenses courantes des administrations, le paiement des subventions et des aides accordées par le gouvernement, le financement des investissements du secteur public ;

— le troisième circuit enfin concerne le secteur privé, qui peut émettre des actions et des obligations cotées en Bourse ou bénéficier des sommes que lui accordent les intermédiaires financiers tels que banques et compagnies d'assurance, eux-mêmes opérant à leur tour sur les marchés financiers.

Ainsi, dans ce modèle, la Bourse ne joue qu'un rôle marginal et le général de Gaulle aura doublement raison de dire que « la politique de la France ne se fait pas à la corbeille ».

Ce schéma ne correspond que de fort loin à celui d'une économie de marché théorique où existerait un marché du capital sur lequel seraient confrontées les offres de capitaux des épargnants et les demandes de prêts des investisseurs avec un taux d'intérêt unique correspondant à l'égalité des offres et des demandes. Au contraire, les taux d'intérêt diffèrent sensiblement selon l'origine de l'épargne et le type d'investissement auquel elle est consacrée.

Ajoutons que le contrôle des changes réglemente fortement les importations et les exportations de capitaux, c'est-à-dire les investissements à l'étranger d'entreprises françaises et en France d'entreprises étrangères.

LES PRIVILÈGES GRANDS ET PETITS

Les Français sont passionnément attachés à l'égalité, mais ils ne dédaignent pas les privilèges pour peu qu'ils soient discrets. Aussi dévoilent-ils rarement le montant de leurs revenus.

Ces privilèges revêtent les formes les plus diverses, et mon intention n'est pas de les décrire, mais plutôt de les illustrer.

Dans la fonction publique, les grilles indiciaires sont publiques, mais les fonctionnaires des finances ont droit à des primes spéciales, les ingénieurs des Ponts et Chaussées reçoivent des primes des collectivités locales, les enseignants ont des obligations définies en nombre d'heures de cours, mais ce nombre dépend des diplômes obtenus, les employés d'Électricité de France paient le courant à 10 % de son tarif, les cheminots et leurs enfants peuvent circuler gratuitement en train ; à la Sécurité sociale, on ferme les yeux sur le taux d'absentéisme ; dans les banques, la durée du travail est réduite ; les journalistes peuvent déduire de leurs revenus d'importants frais professionnels ; dans certains métiers, héritage du temps passé, la retraite est à 55 ans ; les retraites complémentaires diffèrent à salaire égal selon les entreprises, les professions et les caisses ; les mutuelles offrent des conditions plus ou moins avantageuses selon les professions qu'elles regroupent ; les notaires, dont les tarifs sont fixés en pourcentages, bénéficient de l'envolée des prix immobiliers ; en matière agricole, les prix sont fixés pour que puissent encore vivre les exploitations marginales, et les exploitations les plus efficaces encaissent de ce fait des rentes substantielles. Malheur au travailleur ordinaire qui ne relève d'aucune corporation organisée.

La liste, si je la connaissais, occuperait tout un volume. Certains de ces privilèges sont minimes. Des queues de cerises, pourrait-on dire, mais les intéressés y voient une marque de reconnaissance, une sorte de décoration. D'autres sont plus substantiels et sont défendus par des groupes de pression attentifs et actifs. La France n'a-t-elle pas encore aujourd'hui un ministère des Anciens Combattants ?

Ces privilèges sont la conséquence du rôle dominant de l'État dans la société française. À bien des égards, ils sont moins élevés que les profits de monopole que feraient certains dans une économie de marché insuffisamment concurrentielle. Ils contribuent toutefois à accroître les rigidités économiques et sociales.

Le modèle français des années 60 est un modèle composite. L'équilibre entre un État dynamique et une société civile entreprenante soutient la croissance et débouche sur une répartition équitable de ses fruits. L'opinion internationale salue la réussite du modèle. Certains futurologues ne prédisent-ils pas qu'à la fin du siècle, la France aura le revenu par tête le plus élevé d'Europe occidentale. Cette réussite passée contribue à l'attachement des Français à ce modèle. Mais la description ne suffit pas à comprendre pourquoi le modèle a connu un étonnant succès pendant les Trente Glorieuses.

Par le rôle de l'État, par la centralisation, par l'importance attachée aux grands projets, par l'affectation autoritaire des investissements, par le contrôle du marché du travail et du marché des capitaux, le modèle français ressemble à celui de l'Union soviétique – au Goulag près, naturellement, ce qui n'est pas un détail. Or cette dernière n'a connu après la Seconde Guerre mondiale qu'un succès économique relatif et a rapidement commencé à accumuler la rouille qui fera s'effondrer ses cathédrales sidérurgiques au milieu des années 80. La France, au contraire, sera devenue en une génération un pays industriel prospère, à niveau et qualité de vie élevés et où la misère aura quasiment disparu.

Pourquoi ces différences de performances ?

La réussite du modèle

Plusieurs causes ont contribué pendant les années 60 à amplifier les qualités du modèle et à minimiser ses tares : le consensus sur les valeurs, la situation démographique, la nature du progrès technique, la compétence et l'attitude des élites, les grands choix de politique économique, le degré d'adaptabilité sociale, la place laissée au marché.

LE CONSENSUS SUR LES VALEURS

Comme Lady Macbeth, la société française d'après-guerre a une tache à effacer : la honte du déclin des années 30, l'effondrement de 1940 et l'humiliation de l'Occupation. D'où une première valeur largement partagée : la France doit rétablir son rang et sur ce point l'attitude de Charles de Gaulle fait l'unanimité. Des communistes à la droite, chacun veut que la France redevienne un pays fort et respecté, même s'il ne peut plus rivaliser avec les États-Unis et l'Union soviétique. Voici un souvenir qui surprendra peut-être bien des lecteurs : en 1956, je me trouve par hasard invité à un déjeuner du Rotary parisien lorsqu'est annoncée l'intervention franco-anglaise sur le canal de Suez. La nouvelle est accueillie par un ouragan d'applaudissements. À ma table je suis le seul sceptique sur le succès de l'opération. L'anecdocte montre que l'opinion publique souhaite que la France assume un rôle de grande nation. N'oublions pas qu'un peu plus tard, le parti communiste approuvera la mise en place d'une arme nucléaire, pour peu qu'elle soit dirigée tous azimuts. En URSS aussi l'ambition nationale a été à son comble au lendemain de la victoire historique de 1945. Aussi n'est-ce pas sur cette valeur qu'il y a un fossé entre les deux pays.

C'est sur une seconde valeur : l'attachement des Français à une croissance économique permettant la hausse immédiate des niveaux de vie. Pas de référence lancinante, comme en Union soviétique, aux « lendemains qui chantent ». Certes, on équipe le pays mais pour le bien-être des Français, des Français qui veulent consommer et souhaitent pouvoir se loger, acheter des automobiles, améliorer leur alimentation, acquérir de l'électroménager, partir en vacances. « Et que l'on ne vienne pas chipoter sur la différence entre niveau de vie et qualité de la vie. Donnez-nous le niveau, nous nous chargerons de la qualité », répondent-ils à l'époque. La croissance devient une divinité, mais ce n'est pas une croissance abstraite comme celle des Gosplan. Elle ne connaît pas les files d'attente ou le marché noir. Elle a des retombées immédiates et concrètes.

Enfin, troisième objet de consensus : tous les acteurs sociaux admettent, certes avec des convictions plus ou moins intenses, qu'il faut aménager la distribution des revenus pour la rendre moins inégalitaire. Personne ne soutient la thèse que l'essentiel est la liberté d'entreprendre et que chacun récolte alors les fruits de son labeur, fruits qui diffèrent selon le courage et les aptitudes. Cette attitude qui est dominante aux États-Unis ne prévaut pas sur les rivages européens de l'Atlantique.

Ces trois accords fondamentaux – sur la grandeur nationale, la croissance de la consommation et l'inégalité modérée des revenus – sont le carburant qui permet au modèle français de fonctionner.

Mais que l'on ne s'y trompe pas. Ils sont compatibles avec deux visions contradictoires de la société : la vision socialiste qui espère qu'un jour les conditions seront réunies pour que le modèle se rapproche plus encore du modèle soviétique, la vision libérale qui accepte pour le moment le statu quo mais s'opposerait vivement à toute extension de l'appareil d'État. La CGT respecte les accords qu'elle signe, mais elle n'hésiterait pas le jour venu à trucider – symboliquement ! – le patron avec qui elle a négocié. Lors de la longue grève des mineurs de 1963, Pierre Massé proposera que soit mise en place une politique des revenus, mais sa proposition sera rejetée par les syndicats, convaincus que les luttes sociales leur permettront d'obtenir davantage.

Paradoxal modèle français : la convergence des aspirations de tout un peuple vers la dignité nationale, la prospérité et une inégalité tempérée des conditions recouvre des divergences idéologiques radicales et des luttes sociales intenses.

LA SITUATION DÉMOGRAPHIQUE

Ambigus sont les liens entre croissance économique et évolution démographique. Certains n'ont-ils pas souligné que les taux de fécondité élevés étaient, pour beaucoup de pays du tiers-monde, un frein au développement, alors qu'Alfred Sauvy n'a cessé d'insister sur l'influence économique négative qu'a eue sur la France de l'entre-deux-guerres la stagnation démographique.

Entre les deux thèses, c'est la seconde qui paraît la mieux fondée pour la France d'après la Libération. La reprise de la natalité a permis progressivement l'augmentation et le rajeunissement de la population française, le renouvellement des élites, l'afflux de jeunes adultes sur le marché du travail. Elle a empêché les tranches d'âge plus élevées et par nature conservatrices de monopoliser le pouvoir et de maintenir l'existant. Elle a rendu aisément supportable le poids des retraites[4].

Un seul chiffre : de 1960 à 1975, la population française augmente de 7,1 millions. Les plus de 60 ans y contribuent pour 2,1 millions, les 40 à 59 ans pour un million, les 20 à 39 ans pour 1,8 million et les moins de 20 ans pour 2,2 millions. La pyramide des âges retrouve une forme plus équilibrée.

Pendant la même période, l'immigration – qui ne se heurte à aucune réaction xénophobe – facilite la

4. Voir à ce sujet Michel GODET, *Emploi, le grand mensonge*, Paris, Éditions Pocket, 1997.

croissance d'une industrie qui, dans les conditions du moment, a largement besoin de main-d'œuvre peu qualifiée.

LA NATURE DU PROGRÈS TECHNIQUE

Le modèle français des années 60 est un modèle d'accession du pays à la société industrielle. Pour la première fois, la France s'industrialise en profondeur. Aussi, les migrations de la ferme vers l'usine, de la campagne vers la ville se produisent-elles à un rythme accéléré.

Après la stagnation des années 30 et le recul des années de guerre, des possibilités d'innovations marginales [5] existent dans tous les secteurs : dans les mines de charbon, la haveuse remplace le marteau pneumatique, dans la production d'électricité, l'augmentation de la taille des groupes réduit les consommations spécifiques de charbon, dans la sidérurgie, la mise au mille des hauts-fourneaux diminue, dans les usines d'automobiles, la standardisation des pièces et l'organisation du travail baissent les coûts... Aucun secteur n'échappe à cette dynamique.

Trois chiffres, très approximatifs naturellement, résument la mécanique de la croissance industrielle de cette époque : d'une branche à l'autre, le taux de croissance annuel du volume de la production s'étage entre 6 % et 12 % tandis que la productivité du travail augmente de 4 % par an. Aussi l'emploi industriel se développe-t-il, selon les branches, au rythme de 2 % à

---

5. Au sens du chapitre premier.

8 % par an. Pratiquement, aucun secteur n'est en réduction d'emploi. Pour répondre aux besoins, il suffit de distribuer entre les branches les agriculteurs et les jeunes qui arrivent sur le marché du travail.

La réalité est évidemment plus complexe : les chemins de fer et les mines de charbon, par exemple, connaissent déjà un déclin de leurs effectifs, mais les taux de réduction dépassent rarement ceux de la fusion naturelle.

Aucune résistance ne s'oppose donc à un progrès technique qui flatte les élites, offre des produits nouveaux aux consommateurs, permet d'accroître les salaires des travailleurs et n'impose aucune redistribution violente des emplois entre les branches et même entre les firmes.

Certes, les germes de la société d'information commencent à apparaître : le téléphone se répand en dépit du retard causé par la sclérose du ministère des PTT, les premiers grands calculateurs scientifiques s'installent, l'ordinateur IBM 1 401 fait son entrée dans la gestion administrative, la télévision commence à faire parler d'elle. Ils ne sont pas assez puissants toutefois pour modifier l'évolution économique et les relations sociales.

On remarquera que cette période fut aussi, toutes proportions gardées, l'âge d'or de l'économie soviétique. N'oublions pas qu'à l'époque certains craignaient que le niveau de vie de l'URSS ne dépasse celui des États-Unis à la fin du siècle. La planification soviétique, elle aussi, a été relativement moins inefficace tant que le progrès technique revêtait la forme d'innovations marginales, mais son talon d'Achille se situait au niveau de la fixation des objectifs des différents secteurs.

LA COMPÉTENCE ET L'ATTITUDE DES ÉLITES

Le modèle des années 60 fonctionne largement parce que les élites qui l'animent ont deux caractéristiques qui les font reconnaître et apprécier de la nation.

En premier lieu, la compétence professionnelle. Dans la première moitié du XIXe siècle, c'est en Grande-Bretagne qu'étaient les élites les plus respectables. Le fonctionnaire britannique, cultivé, habile, pragmatique, peu spécialisé, gérait avec aisance les affaires. L'ingénieur britannique régnait comme consultant sur les cinq continents. Puis, dans la deuxième moitié du siècle, le flambeau passa aux élites allemandes. Après la Seconde Guerre mondiale, Français et Japonais se hissent au second rang, loin derrière les Américains. Outre-Rhin, les élites ne se sont pas encore relevées du désastre national-socialiste ; outre-Manche, elles sont devenues trop généralistes, pas assez spécialisées.

Rien de tel en France : les locataires de la rue de Rivoli maîtrisent les comptes de la nation, connaissent Keynes aussi bien que les Anglais, inventent la taxe sur la valeur ajoutée, savent gérer les impôts et les dépenses publiques ; les ingénieurs de la SNCF augmentent régulièrement la vitesse des trains et font qu'ils arrivent à l'heure ; ceux des Ponts et Chaussées entretiennent le réseau routier et en éliminent les virages dangereux ; ceux d'EDF font face sans défaillance à l'augmentation rapide de la consommation ;

les chercheurs du CEA savent concevoir leurs piles atomiques.

En second lieu, les élites françaises apparaissent comme apolitiques. Bien malin qui dirait pour quel parti votent Jean Monnet, Pierre Massé, Paul Delouvrier, François Bloch-Lainé, Louis Armand ! Certes, on murmure tout bas que tel conseiller d'État est communiste, que tel autre s'est engagé dans le gaullisme, que le directeur général du CNET est socialiste, mais ces engagements personnels – qui le plus souvent ne nuisent pas à la conscience professionnelle – n'empêchent pas les élites, en tant que groupe social, d'être peu dogmatiques et de servir l'État plus que des idéologies. Dans leur majorité, ces élites sont peu carriéristes et, à quelques exceptions près, ne cherchent guère des promotions rapides en se plaçant dans le sillage de cabinets ministériels ou de partis. Aussi la classe politique n'a-t-elle sur elles qu'une emprise limitée. Si les élus servent moins la France que leur réélection, les élites économiques se préoccupent davantage de la prospérité nationale – telle qu'elles la perçoivent – que du triomphe de tel ou tel parti.

État de grâce provisoire qui se délitera progressivement au cours des années 70 et au cours de la première moitié des années 80, la France faisant connaissance, au lendemain de 1981, avec un *spoil system* à l'américaine.

Compétences et attitudes permettent aux élites d'être respectées par l'ensemble de la population. D'ailleurs, la société industrielle reconnaît l'expertise et vénère le savoir. Aussi les actions des élites, une dévaluation, un tracé d'autoroute, l'ouverture d'un aéroport, la construction d'une nouvelle usine sidérurgique, le choix d'une ZUP, sont-elles en général peu contestées. Le modèle en tire une efficacité que d'aucuns peuvent penser illusoire, mais qui lui permet de fonctionner.

LES GRANDS CHOIX DE POLITIQUE ÉCONOMIQUE

Le danger que court le modèle est de se fermer sur l'espace national : les tentations protectionnistes existent dans la France d'après-guerre. Les opposants à la création de la Communauté européenne du charbon et de l'acier (la CECA) annoncent que la Ruhr va dominer l'Europe. Mais les États-Unis, qui ont lancé le plan Marshall, incitent les pays européens à développer leurs échanges, et la crainte du totalitarisme soviétique pousse ces derniers à s'engager dans la construction européenne.

D'ailleurs, les élites économiques françaises – encore une fois je ne parle pas ici des intellectuels – ne souhaitent pas dans leur énorme majorité que la France entre dans l'orbite de l'URSS. L'ouverture internationale *des échanges, l'entrée dans l'OTAN, la constitution de la CEE leur paraissent une garantie géopolitique. « À gauche, toujours à gauche, mais pas plus loin », comme le dit à l'époque le vade-mecum du petit secrétaire d'État*. Pas question de révolution.

Bien loin de vouloir étendre les nationalisations, les élites acceptent de composer avec la multitude des commerçants, artisans, propriétaires agricoles, petits industriels.

L'objectif central de la politique du logement sera

de favoriser l'accroissement du nombre des ménages propriétaires de leurs logements.

Ainsi, le désir de stabilité politique et sociale, tant sur la scène internationale que sur le plan intérieur, empêche le modèle de dériver vers des *solutions radicales*. Le temps des grandes secousses sociales, presque insurrectionnelles, de 1947 et 1948 est passé. Pourquoi casser un système qui assure le plein emploi et une hausse rapide du revenu de tous ? C'est au nom d'autres valeurs que défileront les manifestants de 1968.

LE DEGRÉ D'ADAPTABILITÉ SOCIALE

Dans un livre remarqué, Mancur Olson[6] expliquait il y a vingt ans que les groupes d'individus mettent du temps pour s'organiser afin de défendre leurs intérêts, mais qu'au fur et à mesure qu'ils progressent dans cette voie, les possibilités de croissance s'amoindrissent. Et de citer de nombreux exemples à l'appui de sa thèse, comme par exemple aux États-Unis l'évolution des États du Nord-Est par rapport à ceux du Sud-Ouest.

La guerre broie les structures de ces groupes organisés. Les pays vaincus et semi-vaincus de la Seconde Guerre mondiale (Allemagne, Japon, Italie, France) ont bénéficié, durant les années de reconstruction d'un très large renouvellement de leurs élites. Hauts fonctionnaires, leaders syndicaux, patrons d'entreprise,

6. M. OLSON, *Logique de l'action collective*, Paris, PUF, coll. « Sociologiques », 1987.

hommes politiques ont été remplacés par des personnalités plus jeunes ayant une volonté de changement forte et un désir d'action intense. Les structures coopératives sont régénérées. Elles se comportent comme si elles n'avaient pas de passé. Elles ne sont pas encore prisonnières des accords qu'au fil des années elles signeront. Aussi, quel que soit le niveau d'antagonisme entre les membres de l'oligopole social, il existe dans leurs négociations du « grain à moudre », à la fois parce que leurs positions ne sont pas figées et parce que la croissance offre des marges de jeu.

Pour Mancur Olson, il existe un contre-exemple qui confirme sa thèse : le Royaume-Uni. Héroïque pendant la guerre, le pays se traîne dans la paix. Avec son syndicalisme de métiers compartimenté et sclérosé, avec ses chefs d'entreprise au comportement figé et plus comptables qu'industriels, la société britannique devient, en matière de croissance, la lanterne rouge de l'Europe...

Dans sa généralité, on peut discuter l'analyse d'Olson. Pourtant, on ne peut s'empêcher de penser qu'elle contient des éléments de vérité. Dans les années 60, la réglementation sociale de toute origine est infiniment moins volumineuse qu'actuellement. Aux statuts du personnel des entreprises publiques ne se sont pas rajoutés les multiples conventions et accords qui limitent les possibilités d'utilisation du temps de travail. Les sections syndicales d'entreprise qui permettent aux syndicats représentatifs de jouer un rôle dans le dialogue social interne, même lorsqu'ils n'ont pas d'élus dans l'entreprise, n'ont pas encore été créées. Nombre de professions peuvent être exercées sans diplôme... Il serait facile d'allonger la liste.

Objection, diront certains : pourquoi ne considérez-vous pas le développement de cette réglementation comme un progrès ? C'est vrai, même si les grandes conquêtes sociales étaient déjà acquises au début de la période. Il n'en reste pas moins que dans un univers changeant qui oblige les sociétés à s'adapter pour maîtriser leur environnement, la rigidité empêche les adaptations et donne naissance à une profusion d'effets pervers.

LA PLACE LAISSÉE AU MARCHÉ

Last, but not least : si la France peut être qualifiée d'Union soviétique qui a réussi, c'est qu'elle n'a pas commis les excès dus à la paranoïa de Lénine et de Staline et au bureaucratisme russe. Pas de nationalisation des terres, pas de suppression du commerce de détail, pas de disparition de l'économie de marché.

Même lorsque les entreprises privées opèrent en satellites du secteur public, elles sont libres de s'organiser comme elles le souhaitent, de lutter pour accroître leur part des marchés publics, d'améliorer leurs coûts de production. De plus, dans une économie ouverte, il leur faut, dans des situations de concurrence, conquérir des marchés à l'exportation.

C'est la raison pour laquelle l'économie française n'est pas en général considérée comme une « économie planifiée centralement » – dans le jargon des Nations-Unies – mais comme une économie de marché, alors qu'elle occupe en fait une place intermédiaire qui explique ses difficultés actuelles.

Ce n'est donc pas un hasard si le modèle français connaît, dans l'après-guerre, une longue période de succès avec des performances remarquables en termes de croissance et d'emploi.

Le plein emploi résulte à la fois de la croissance forte et des structures de production. La société industrielle a un fort besoin de main-d'œuvre peu spécialisée et les entreprises sont prêtes à recruter de tels travailleurs même en faisant appel à l'immigration, car leur coût est relativement faible. Aussi peut-on, vers la fin des années 60, augmenter à la fois les salaires et les charges sociales correspondant aux faibles compétences sans faire apparaître de chômage. Le marché du travail tend de lui-même à un resserrement de l'éventail des revenu primaires. *Aspirations sociales et tendances économiques sont compatibles.*

Quant à la croissance forte, elle est le produit de tous les facteurs qui ont été énumérés : le consensus sur les valeurs, la nature du progrès technique, la compétence des élites, l'ouverture sur une Europe elle-même en pleine croissance, la flexibilité sociale, le dynamisme du marché.

Plein emploi, développement d'ensemble, faible dispersion des taux de croissance par secteur créent un sentiment de sécurité qui renforce la confiance dans le modèle et contribue à maintenir une certaine flexibilité sociale. Pourquoi se recroqueviller sur soi lorsque les risques paraissent inexistants ?

Hélas, ce modèle va d'un côté vieillir et se scléroser, de l'autre se montrer incapable de s'adapter à la société d'information et à la mondialisation. Et tandis que les Français – partisans de la « pensée unique » ou adeptes de « solutions alternatives »[7] – vont continuer à prendre le modèle pour référence et tenter de le restaurer, les lézardes s'accroîtront et la crise s'approfondira. Ainsi, viendra le temps des années de larmes.

7. Il ne s'agit en fait que de variantes du même schéma intellectuel.

Chapitre IV

LE MODÈLE EN CRISE

Les modèles qui réussissent sont idéalisés. On leur attribue des vertus qui ne sont pas leur propriété mais le fruit d'une synergie bénéfique avec l'environnement. On croit qu'en cherchant à les maintenir on retrouvera les effets bienfaisants observés en d'autres temps. Aussi les déconvenues s'accumulent. Les événements cessent d'être intelligibles, les institutions affirment qu'elles répondent toujours aux mêmes besoins, les solutions sont commandées par les réflexes appris ou, sans interprétation sous-jacente, expérimentées au hasard, les échecs paraissent inexplicables, le discours politique décolle de la réalité et tourne à l'incantation, les groupes sociaux se crispent, cherchant des boucs émissaires à leurs problèmes.

La France est comme une puissance spatiale qui aurait encore les vues d'un astronome grec et resterait convaincue que les planètes tournent autour de la terre d'un mouvement circulaire uniforme. Certaines planètes désobéissent ? On invente les épicycles. Les sondes envoyées vers Mars ratent la cible ? On incrimine les ennuis de moteurs. Quelques Copernic se font timidement entendre ? Leur voix est couverte par le brouhaha des croyants. Dans *Les Somnambules*, Arthur Koestler[1] donnera un nom à ce sombre interlude : « la répudiation du réel ».

Dans les enchaînements qui rendent inadapté le modèle des années 60 interfèrent de nombreuses boucles de rétroaction comme les aime la cybernétique. Mais je vais tailler à la machette dans cette jungle pour dégager les éléments essentiels, des éléments qui sont à la fois des causes et des effets. Par commodité, et même s'il en résulte quelque arbitraire, je les regrouperai en deux catégories : ceux qui concernent principalement l'évolution autonome du modèle, et ceux qui résultent plutôt de l'impact de l'environnement : mondialisation et entrée dans la société d'information.

Une remarque préalable : le modèle auquel se réfère la majorité de nos concitoyens ne suffit pas à décrire la réalité française. Il existe en pointillé un contre-modèle, celui des jeunes Français qui sont sur le front de la concurrence internationale. Ils n'hésitent pas à s'installer à Londres ou à Singapour si leur entreprise le leur demande. Sans arrogance, ils observent les pratiques les meilleures et se les approprient. Mais ils se désintéressent de la vie publique, ne sont guère invités par les médias et, bien qu'ils soient responsables du niveau de nos exportations,

---

1. A. KOESTLER, *Les Somnambules*, Paris, Calmann-Lévy, 1960.

n'occupent qu'une place marginale dans nos représentations collectives.

Le vieillissement autonome du modèle

Éclatement des valeurs, rupture entre les élites et la société civile, sclérose du secteur public, crise de la représentation apportent la preuve que le modèle des années 60 serait sérieusement malmené en cette fin de siècle même sans les évolutions technologiques et l'ouverture au monde. Fini le consensus sur la croissance qui était son carburant. Adieu le respect des élites qui constituaient son grand état-major. Terminé l'efficacité d'un secteur public qui faisait l'admiration des citoyens. Affaiblies les deux formes de représentation, celle de la démocratie légale par l'élection, celle de la « démocratie corporatiste » par l'oligopole social.

L'ÉCLATEMENT DES VALEURS

L'élévation du niveau des études, l'augmentation du revenu par tête, le recul du catholicisme, la crise du communisme, la diversification des conditions d'emploi, la libération des mœurs ont suscité une formidable poussée de l'individualisme. Chacun veut faire une réussite de sa vie et ne se sent guère prêt à militer dans des organisations de masse au nom de groupes abstraits. Jamais le slogan « Prolétaires de tous les pays unissez-vous ! » n'a paru aussi désuet. On lui substituerait volontiers la phrase : « Tout le monde, il est beau, tout le monde, il est gentil... pour autant qu'on me laisse tranquille. » Seule la défense des droits de l'homme, parfois celle des droits des êtres vivants sont des causes qui unissent encore.

Les journalistes s'apitoient sur les chômeurs. Aucun d'entre eux, à ma connaissance, n'a proposé que la profession renonce à ses avantages fiscaux pour que l'État aide davantage les sans-emploi. Rien d'étonnant : le lien entre les dépenses et les recettes de la collectivité est rompu. L'État a deux visages : une pieuvre qui suce le sang de la nation, une corne d'abondance à laquelle on peut tout demander.

Jamais l'enveloppe des désirs n'a été aussi volumineuse. Nous voulons à la fois la sécurité, le revenu, l'emploi, le temps libre, l'environnement, la croissance, le maintien de l'existant... Une boulimie qui serait acceptable si l'on comprenait que les arbitrages sont inévitables, mais tel n'est pas le cas.

Propose-t-on une politique de croissance économique, alors s'élève le chœur des écologistes, qui récusent cette croissance au nom des retombées néfastes sur l'environnement ou voudraient lui imposer de si multiples contraintes qu'elle deviendrait impossible.

Annonce-t-on que l'on va réduire le temps de travail, alors la plupart des salariés mettent comme condition le maintien de leur rémunération mensuelle.

Faute de consensus sur un noyau minimum, chaque individu campe sur des avantages – réels ou présumés – qu'il défend pied à pied, ou joue librement ses cartes.

La confusion qu'entraîne la diversité – légitime – des valeurs est accentuée par le manque d'intelligibilité des problèmes français pour la majorité de nos contemporains. Réclamer la titularisation des contractuels de l'État, comme le fait Sud, ce syndicat nouvellement créé, suppose une ignorance complète du fonctionnement d'une société d'information. Discuter de la durée légale du travail traduit l'oubli que cette notion est un produit de la société industrielle. Récuser la croissance révèle la méconnaissance des possibilités qu'elle offre de transférer des emplois des entreprises en déclin vers celles en développement.

Cette cacophonie n'a été nullement élaguée et clarifiée par les élites, des élites qui ont perdu leur emprise sur la société française.

LA RUPTURE ENTRE LES ÉLITES ET LA SOCIÉTÉ CIVILE

Vers 1960, une sorte d'accord régnait entre les élites et le reste de la société française. Ce n'est plus le cas aujourd'hui. En fournissant à la fois les hauts fonctionnaires, les présidents des banques, les leaders des partis politiques et une fraction notable des ministres, l'ENA donne aux Français l'impression que les élites ne constituent plus qu'une seule famille supportant toutes les tares de la consanguinité. N'y a-t-il pas lieu de s'étonner qu'en 1995 les trois candidats à la présidence de la République sortent de la même institution ? Que l'on se souvienne de la popularité de la décision – par ailleurs déraisonnable – d'Édith Cresson décentralisant l'École à Strasbourg ! La France profonde jubilait. Aux grands corps issus de l'ENA il faut naturellement ajouter (même s'ils sont plutôt sur le déclin car ils interfèrent peu avec la classe politique) ceux dont le recrutement provient d'autres écoles, comme l'École polytechnique.

Aux yeux de beaucoup, les élites mettent au premier rang non pas le service de la nation, mais leur carrière personnelle et choisissent leurs convictions en fonction des opportunités offertes par les différents partis. Elles deviennent les boucs émissaires de la société : le président de banque jongle avec les milliards sur le marché mondial des capitaux, oubliant les malheurs des PME à court de fonds propres ou les salariés des entreprises industrielles qu'il contraint à licencier ; le haut fonctionnaire propose des investissements qui défigurent le paysage ou contraint à l'austérité monétaire pour plaire à la Bundesbank (dans la mesure où il est expert, sa parole est d'ailleurs devenue suspecte) ; le ministre – sur qui plane l'ombre de la corruption des partis – fait de brillantes démonstrations, assène avec conviction des vérités douteuses, cherche à dominer par son intelligence, semble d'une autre espèce que l'homme de la rue.

On observe d'ailleurs chez les membres de ces élites une double attitude qui, dans un cas comme dans l'autre, ne leur permet pas d'assurer leur mission vis-à-vis de la société. Ou bien, emportés par un mouvement de mondialisation dont ils profitent, ils semblent se désintéresser des problèmes qui préoccupent nombre de Français moyens, ou bien, attachés aux positions du passé, ils trompent – sciemment ou non – les citoyens sur la réalité du monde d'aujourd'hui. Ni dans un cas ni dans l'autre ils n'apparaissent à l'opinion comme des guides, affirmant les valeurs et proposant pour y être fidèles des solutions adaptées.

LA SCLÉROSE DU SECTEUR PUBLIC

Le secteur public illustre parfaitement les phénomènes de vieillissement qui tiennent à la logique même d'une institution et non à des comportements individuels.

Prenons pour commencer les entreprises de réseaux (EDF, SNCF, La Poste, France Télécom, etc.) qui sont l'un des fleurons de l'outil industriel français.

Définies par les ingénieurs-économistes, les règles de gestion de telles entreprises se ramènent, si l'on simplifie, à trois propositions :

1. Réduire les coûts au niveau minimum techniquement et économiquement possible quel que soit le niveau de la production.

2. Fixer les tarifs à un niveau tel que les différentes catégories d'utilisateurs acquittent le montant du coût de développement correspondant à leur demande.

3. Déterminer la capacité de production pour qu'elle satisfasse la demande globale résultant de ces tarifs.

Depuis la Libération, ces règles ont plus ou moins inspiré les actions des entreprises françaises de réseaux. Leur application s'est néanmoins heurtée à deux catégories d'acteurs : le personnel et l'État.

Fidèlement groupé derrière ses syndicats, la CGT en premier lieu, le personnel a lutté pour s'approprier l'essentiel du surplus économique dégagé par la gestion des entreprises. Il a freiné – pour des raisons aisément compréhensibles – les redéploiements d'effectifs entre régions ou entre filières. Sous cette pression constante, les entreprises publiques, quoique bien gérées dans la vie quotidienne, ont eu tendance à voir leurs coûts s'élever au-dessus du minimum techniquement possible, l'écart étant d'autant plus important que la part des dépenses de personnel est élevée dans les prix de revient.

L'EDF est une entreprise prospère parce que les choix d'équipement y sont prépondérants et que les dépenses de personnel ne représentent que 20 % des dépenses totales. France-Télécom connaît une situation assez analogue. Là aussi, la qualité des décisions techniques est prédominante. La Poste, avec la masse imposante de ses effectifs, connaît plus de difficultés. Air France a dû faire des efforts colossaux pour réduire ses coûts de personnel et n'aurait pas réussi sans la pression d'une concurrence féroce. La SNCF ferme la marche. Le coût du travail y atteint 60 % des dépenses totales et son augmentation y absorbe les économies qui résultent des progrès de productivité.

Ne nous y trompons pas : cette constatation ne signifie pas que le salaire perçu par un cheminot ou un postier soit anormalement élevé. Il n'en est rien. C'est le coût du travail par unité produite qui fait problème. Ainsi, un conducteur de train de la SNCF ne passe qu'un tiers de son temps de travail à la tête d'un train. Le maquis des conventions signées entre direction et syndicats, en aval du statut, réglemente tellement les conditions d'emploi du personnel que l'efficacité économique de son travail en est fortement dégradée.

J'y ajouterai cette conjecture : dans un environnement stable et de marché croissant – comme pendant les années 60 –, la gestion des entreprises publiques me paraît en moyenne au moins équivalente à celle des entreprises privées. Malheureusement, ce n'est plus le cas dans un environnement incertain et sur un marché en régression. Les résistances internes à l'adaptation sont alors si fortes que l'entreprise publique n'est jamais en situation de coût adapté. Elle s'ingénie au contraire à trouver des raisonnements d'intérêt général tantôt valables et tantôt discutables pour justifier le maintien d'activités dont la rentabilité financière est désastreuse, la rentabilité économique insuffisante et la rentabilité sociale problématique. Or il est dans la nature des choses qu'un service public connaisse, comme toutes les branches de l'économie, la croissance, la maturité, et éventuellement le déclin. Depuis que nous possédons tous des montres, point n'est besoin que, dans nos villes, se promènent la nuit des crieurs annonçant : « Dormez, bonnes gens, il est trois heures ! » En revanche, notre société a besoin d'une agence publique homologuant les médicaments... Et si chacun, aujourd'hui encore, doit avoir accès commodément à un service public de transport, ce peut être un taxi collectif, un autobus, un train, un avion... Ce n'est pas forcément un train comme dans les débuts de la IVe République. Le quadrillage territorial des offices de notaire et des bureaux de poste a été défini pour une France qui se déplaçait à cheval. J'entends le hoquet de certains : et l'aménagement du territoire, qu'en faites-vous ? L'objection est facile à rejeter : ce qu'il faut rendre accessible, ce sont les services de l'avenir, et comme les ressources sont rares, le maintien de services du passé coûteux freine la satisfaction des nouvelles demandes.

La tutelle – c'est-à-dire l'État – ne facilite pas de son côté l'élaboration d'une politique par les entreprises publiques de réseaux. Dans les périodes d'inflation, elle freine les hausses de tarif justifiées. Pour répondre à des pressions politiques, elle brise la cohérence des politiques tarifaires. De connivence tantôt avec le personnel, tantôt avec les directions, elle tolère des investissements dont la rentabilité pour la nation est sujette à caution. Des lobbies puissants la contraignent aussi à accepter des projets que l'analyse déconseille. Que l'on pense au célèbre canal Rhin-Rhône, dont je fis l'une des premières études de rentabilité dans les années 60, qui déjà, à l'époque des matériaux lourds, avait une rentabilité douteuse, et dont le projet est réapparu, comme le monstre du Loch-Ness, au moment où s'instaurait la société d'information.

Et l'on touche ici aux caractéristiques profondes du marché : le marché n'est pas toujours un meilleur créateur que l'initiative publique, mais il est un excellent destructeur. Les salariés d'une entreprise publique en difficulté peuvent aller à Bercy ou à Matignon brûler en effigie le ministre des Finances ou le Premier ministre et l'inciter à subventionner l'entreprise. Les salariés d'une entreprise privée ne vont jamais manifester violemment chez les clients pour les contraindre à acheter les produits de la firme.

Le système de santé illustre un autre aspect de ces problèmes de vieillissement. Celui de la régulation d'un ensemble dont la demande n'est pas contrainte par les prix. Lors de la crise provoquée par l'annonce du plan Juppé, n'a-t-on pas entendu d'éminents professeurs de médecine prononcer à la radio des propos tels que : « La santé n'a pas de prix » ou « Il faut pouvoir pratiquer la meilleure médecine possible. » Erreur : dans toute société, la vie humaine a plus ou moins un coût. Certes, lorsqu'une personne est blessée accidentellement, tout est tenté, *compte tenu des moyens existants*, pour la sauver, mais, avant l'accident, la société limite les moyens consacrés à la réduction de la probabilité de blessure ou de mort. Si le coût d'une perte de vie humaine par accident d'automobile était très élevé, la vitesse maximale sur les routes serait abaissée à 60 kilomètres à l'heure et il y aurait un gendarme tous les deux kilomètres pour faire respecter ce plafond... Le nombre d'accidents sur les routes s'effondrerait. La SNCF connaîtrait des jours prospères. La localisation des activités économiques se modifierait. Que nous le voulions ou non, toute société attache implicitement un prix à la vie humaine, car elle ne peut pas consacrer toutes ses ressources à la protection des individus. Elle doit aussi assurer l'éducation, le logement, les transports, etc. Rien ne serait plus urgent aujourd'hui que de donner aux médecins une solide culture économique, puisque dans la société de demain ils vont commander l'utilisation d'une fraction notable des ressources nationales.

Un système où il n'y a pas de contrainte sur la demande est dominé par des techniciens – en l'occurrence, pour la santé, les médecins – qui se donnent pour objectif non pas un optimum socio-économique mais un optimum technique. D'où des conséquences évidentes : l'octroi de nombreux médicaments ou de congés-maladie pour satisfaire les patients, la multiplication des spécialistes par rapport aux généralistes, le dédain pour les activités médicales comme la prévention, peu gratifiante pour les praticiens, la tendance à des surcapacités hospitalières, la prolifération des examens nécessitant des équipements lourds, toutes tendances qui ne sont pas incompatibles avec la diminution du revenu réel des jeunes médecins non spécialistes, l'organisme de contrôle cherchant à maîtriser les dépenses en réduisant la rémunération des actes médicaux.

On pourrait multiplier les exemples : les allocations familiales qui ne s'adaptent pas à la réalité économique d'aujourd'hui, l'âge de la retraite qui évolue en sens inverse de la démographie, l'impossible redéploiement du nombre de postes d'enseignants du primaire vers le supérieur...

LA CRISE DE LA REPRÉSENTATION

Toute société a besoin de corps intermédiaires. Les cités médiévales ont eu leurs bourgeois ; le royaume du XVIIIe siècle ses notables, la France industrielle ses partis politiques et ses syndicats.

Mais aujourd'hui, cette représentation est en crise, qu'il s'agisse de la démocratie formelle du processus électoral ou de la démocratie corporatiste de l'oligopole social.

Les difficultés du couplage de la démocratie formelle et de la société d'information ne sont pas spécifiques à la France. Agréger dans des programmes de partis politiques la diversité des demandes ponctuelles et parfois volatiles des membres de la nébuleuse centrale n'est pas aisé et les élus n'ont plus le monopole de la ligne de communication entre les citoyens et le gouvernement. Ils sont en concurrence d'une part avec les médias, qui reflètent l'opinion tout en agissant sur elle, et d'autre part avec la démocratie spontanée des groupes d'individus qui se manifestent pour défendre telle ou telle cause.

Plus particulière à la France au contraire est la déformation de la représentation nationale qui résulte du privilège exorbitant des fonctionnaires élus de pouvoir réintégrer à tout moment la fonction publique, ce qui supprime pour eux l'obstacle principal à l'entrée dans la vie politique que rencontre toute autre catégorie de citoyens : le risque de carrière. Aussi, la fonction publique est-elle sur-représentée à l'Assemblée nationale. Le modèle des années 60 est donc encore plus intériorisé dans les têtes au Palais-Bourbon que dans le pays. Quand la crise de la France vient en partie de son État, comment peut-on espérer que des réformes profondes puissent émaner des serviteurs de cet État ? Ce n'est pas le sérail qui a sauvé la Turquie. Ce n'est pas de la Curie romaine qu'est venu Vatican II. Nos parlementaires et nos ministres connaissent leur État sur le bout des doigts, mais ils le connaissent trop. Ils le gèrent consciencieusement, honnêtement. Ils ne peuvent imaginer de le reconstruire.

Quant à l'oligopole social, il est en plein déclin.

Depuis la fin des années 70, les effectifs des syndicats se sont effondrés[2]. La CGT comptait en 1994 630 000 adhérents environ dont 480 000 actifs[3]. Suivait la CFDT avec 515 000 adhérents dont 420 000 actifs, puis FO avec moins de 400 000 adhérents. Ces trois confédérations réunissaient ensemble moins de 1,2 million de salariés actifs, soit 6 % du salariat.

Les adhérents de ces syndicats sont essentiellement concentrés dans les fonctions publiques (nationale et territoriale) et le secteur public. Le taux de syndicalisation dans le secteur privé est de 2 % ! « En d'autres termes, la grande majorité des salariés français n'ont aucun syndicat dans leur établissement et n'ont pratiquement aucune chance de rencontrer un syndicaliste sur leur lieu de travail ni dans le reste de leur vie[4]. »

Lorsque l'on tente, ce qui est fort difficile, d'établir les comptes des syndicats, en incluant dans les dépenses le coût des permanents qu'ils emploient, on constate que les cotisations des membres couvrent de 5 % à 10 % de ces dépenses, l'essentiel des ressources provenant de subventions et de mise à disposition de personnel par l'État et le secteur public. Ce mode de financement affaiblit le lien entre la base et le sommet, la survie de l'appareil syndical ne dépendant pas du

2. D. Labbé, *Syndicats et Syndiqués en France depuis 1945*, Paris, L'Harmattan.
3. Le complément étant constitué par des retraités.
4. D. Labbé, *op. cit.*

soutien apporté par les travailleurs sous forme de cotisations. Aussi, les permanents passent-ils plus de temps à faire fonctionner les relations au sein de l'oligopole social ou des entreprises publiques qu'à comprendre les aspirations des travailleurs sur le terrain. Dans la réalité, les syndicats sont devenus une machine institutionnelle financée par l'État afin qu'il dispose d'interlocuteurs.

Les rares statistiques sur les conflits du travail montrent que les grèves sont en forte diminution sauf dans le secteur public, et plus particulièrement dans certaines entreprises nationales. Et pourtant, l'une des justifications traditionnelles de l'exercice par l'État du service public est la nécessité d'assurer la continuité de ce service ! Mais, dans le secteur public français, la grève n'a aucune conséquence – à moyen terme du moins [5] – sur l'existence de l'entreprise ou de l'administration. Le seul risque pour les salariés est de mécontenter quelques clients dont le pouvoir sur le système est quasi nul.

Que l'on ne se méprenne pas sur le sens que j'attribue aux données sur les conflits. Elles ne signifient pas que les travailleurs du secteur privé se sentent dans le meilleur des mondes possibles. La désaffection des syndicats y provient du constat fait par les travailleurs qu'ils n'ont que faire d'organisations idéologiques recherchant des avancées nationales illusoires dans un monde en cours de globalisation.

Les employés français de Renault n'ont soutenu

---

5. Que l'on pense à la défunte ORTF.

que du bout des lèvres la lutte de leurs camarades belges de Vilvoorde. Ils savaient que la fermeture d'une usine était inévitable et mieux valait que cette usine fût ailleurs.

Le drame du syndicalisme français – car pour notre société, c'en est un – illustre la crise de notre modèle : des organismes sclérosés qui s'attachent aux revendications du passé, le SMIC, les salaires, la durée du travail, l'âge de la retraite, etc., et que les pouvoirs publics prennent au sérieux, des travailleurs du secteur concurrentiel, parfois désemparés, parfois satisfaits, mais qui, de toute manière, ne croient plus à cette forme de représentation, des travailleurs du secteur public inquiets car ils s'accrochent désespérément à un ordre qu'ils sentent menacé.

Vous n'avez pas parlé du CNPF ? À quoi bon ! Il n'a jamais été que la contrepartie des syndicats. Adversaire et complice. Défenseur du marché et concubin de l'État. S'affaiblissant au fur et à mesure que ces derniers se désagrègent...

Faut-il reconstruire le système à la base, en étendant les pouvoirs du comité d'entreprise et en rendant libres les candidatures dès le premier tour ? Certains le pensent. Je leur en laisse la responsabilité, mais j'ai désormais une certitude : *au seuil de la société d'information et de la globalisation, la France n'a pas les corps intermédiaires dont elle a besoin*. Sa représentation sociale cumule les handicaps : l'émiettement, la rigidité, l'éloignement des travailleurs. Attention, danger !

Il faut le reconnaître : indépendamment de tout changement de l'environnement, il y a des pans du modèle des années 60 qui vieillissent mal. Il s'agit d'un phénomène sociologique naturel pour lequel il serait injuste de mettre en cause tel ou tel. Le Gosplan soviétique a connu la même mésaventure à un degré beaucoup plus intense, naturellement.

Mais c'est sur ce modèle qui a perdu son moteur et dont le vieillissement rouille les engrenages que viennent battre jour après jour les vagues de plus en plus puissantes de la mondialisation et du passage à la société d'information.

L'impact de l'environnement

Ce modèle usé que nous souhaiterions, moi compris, voir renaître de ses cendres, tel le Phénix, propose, presque toujours, des solutions à contretemps aux problèmes soulevés par le changement de l'environnement. Un auteur méticuleux pourrait prendre chacun des processus de ce modèle et montrer comment son fonctionnement s'est inversé, les effets bénéfiques qu'il produisait se transformant en effets pervers. Vérités hier, erreurs aujourd'hui. Il me suffira de prendre quelques exemples : l'impuissance de la politique industrielle, l'inefficacité de la lutte contre le chômage, le désarroi devant la montée de la xénophobie, la lutte contre les nouvelles inégalités, la lenteur des adaptations du système éducatif, la rigidité du fonctionnement de l'appareil d'État. Dans tous ces domaines, la mondialisation et le passage à la société d'information entraînent de la part de la collectivité française des réactions qui aggravent les difficultés. Loin d'en comprendre la source, le pays s'épuise à colmater les conséquences néfastes de ses propres erreurs en inventant des dispositions parasitaires qui ne sont le plus souvent que des placebos.

FEU LA POLITIQUE INDUSTRIELLE

La politique industrielle de l'après-guerre n'a pas toujours connu le succès. Elle a permis néanmoins la résurgence d'une industrie aéronautique, la constitution d'une filière nucléaire complète, le maintien d'une industrie ferroviaire, la renaissance d'une industrie du téléphone, l'épanouissement du secteur du bâtiment et des travaux publics. Avec quelques nuances d'un cas à l'autre, le même mécanisme se reproduit : les commandes du secteur d'État permettent aux entreprises d'innover, de couvrir la demande nationale, puis d'exporter.

C'est avec l'informatique que commencent à apparaître les limites de cette politique. À la suite de l'effondrement de Bull, le gouvernement lance un plan calcul, crée de toutes pièces la CII (Compagnie internationale d'informatique), mais l'opération échoue. La technologie évolue à une vitesse telle que lorsque les pouvoirs publics adoptent un programme il est déjà dépassé et conduit à des produits périmés le jour même de leur mise sur le marché. Quant aux combinaisons envisagées pour la coopération internationale, elles sont ubuesques : au lieu de fusionner leurs activités informatiques, les sociétés Philips, CII et Siemens n'envisagent-elles pas, sous la pression de l'administration française, de créer seulement une filiale Unidata qui coordonnera leurs activités !

Une fois la France rééquipée en téléphone, les projets morts-nés vont fleurir dans ce secteur, le plan-câble étant l'un des exemples les mieux connus.

Pourquoi ces échecs alors que tout semblait réussir pendant les Trente Glorieuses ? D'abord, parce que les technologies de l'information évoluent si vite et sous des formes si diverses qu'aucun programme soumis au rythme des décisions de l'administration ne peut s'adapter à la profusion des innovations et aux sensibilités du marché. Au temps de la société d'information, toute politique industrielle introduit des boucles de réaction trop lentes entre la demande du consommateur et sa satisfaction. Ensuite, parce que l'État français, contraint par la mondialisation à des rapprochements entre firmes européennes, n'a accepté d'entrer dans des coopérations internationales qu'en gardant la haute main sur le processus. Une exigence qui a découragé les partenaires ou conduit à des solutions inefficaces. Ah ! Le musée des horreurs que l'on pourrait faire avec les fœtus monstrueux inventés dans ce domaine par les cerveaux des fonctionnaires.

La politique industrielle est morte. Vive la politique de l'environnement industriel ! Il s'agit cette fois de faciliter la réussite des entreprises en leur offrant sur le sol français les services d'une administration efficace et d'un gouvernement fiable, une offre attrayante en télécommunications, transport, énergie, la disponibilité de centres de recherche, des conditions fiscales comparables à celles des autres pays développés, des écoles convenables pour leurs cadres étrangers... Sur ces critères, les notes de la France s'étalent entre l'excellent et le médiocre, les plus mauvais résultats étant dus à l'attachement des Français à un modèle périmé qui alourdit les frais généraux de la nation.

À l'heure de la mondialisation, il n'y a plus, dans la collectivité, de secteur exposé et de secteur abrité, car le premier ne peut espérer survivre si le second est inefficace. Or que peut-on penser de l'efficacité d'un système politico-social incapable de créer les conditions pour que l'économie résorbe progressivement le nombre des chômeurs ?

VIVE LE CHÔMAGE

Le niveau du chômage français est, par comparaison avec l'ensemble des pays développés, anormalement élevé. Ce chômage résulte de la conjonction de trois enchaînements :

— la nécessité de réduire le déficit public – pour ne pas faire supporter des charges excessives aux contribuables du futur – a un effet récessif sur l'économie dont la croissance est ainsi ralentie (ce chômage « conjoncturel » atteint toutes les catégories de travailleurs)[6] ;

— la rigidité du coût du travail maintient ce coût à un niveau trop élevé pour les faibles compétences et suscite un chômage « structurel » qui atteint surtout les jeunes et les travailleurs peu qualifiés ;

6. C'est à tort que le traité de Maastricht est pris comme bouc émissaire à ce sujet. Le Traité ne fait que quantifier des ajustements qui eussent été de toute façon indispensables.

— l'assistance aux chômeurs – socialement légitime – incite les travailleurs à préférer le travail au noir ou l'inactivité à un emploi jugé par eux insuffisamment rémunérateur.

Ces trois enchaînements semblent avoir des poids comparables dans la genèse du chômage français.

Si le premier est facilement compris de citoyens qui ne demandent qu'à recevoir du pouvoir d'achat pour consommer davantage, les deux autres se heurtent à un mur d'ignorance et de refus. Or le plus important est le second, qui est la conséquence de l'impact de la mondialisation et de la société d'information sur les prix que les organisations peuvent offrir pour le travail de diverses compétences. Faire comprendre aux Français que la baisse du coût du travail (et pas nécessairement du revenu) des individus faiblement compétents permettrait de les employer et de lutter de ce fait contre le drame des jeunes, le malaise de l'exclusion, les difficultés d'intégration des immigrés, la délinquance, est un effort de Sisyphe. Ce discours, ils ne veulent pas l'entendre. Contre la maladie, ils essaient tous les remèdes de charlatans, mais refusent absolument de considérer le seul qui serait efficace : la baisse significative du coût du travail de faible compétence par report massif des charges sociales correspondantes sur d'autres assiettes.

Certes, on a pu croire un moment que les gouvernements allaient être convaincus : ils ont, en quatre ans, allégé de 50 milliards les charges sociales sur les bas salaires. Un chiffre considérable, mais ils se sont arrêtés, perdant foi dans la mesure, alors qu'il faudrait persévérer. À pleurer de rage !

Face à la lèpre sociale du chômage, le modèle français montre son incapacité à s'adapter. La politique de l'emploi des vingt dernières années est marquée par l'absence de lignes directrices dans l'analyse et la succession désordonnée de mesures complexes. Le pouvoir politique, troublé par la confusion des messages que, pour des raisons d'idéologie, d'intérêts ou d'inculture, il a reçu des leaders d'opinion, n'a jamais adopté une interprétation cohérente du phénomène du chômage. La faiblesse – à quelques exceptions près – de la formation économique de la classe politique, l'emprise des schémas de pensée hérités du passé, l'enfermement dans le dialogue avec les dirigeants de l'oligopole social eux-mêmes sclérosés, l'habitude, perçue comme une nécessité, d'asséner à l'opinion des messages simplistes expliquent que la politique de l'emploi ait revêtu la forme d'un combat de Noirs dans un tunnel. Les ministres ont battu la campagne dans toutes les directions possibles : remplacer les vieux par les jeunes parce que les premiers se nomment retraités et non chômeurs (et ne représentent pas l'avenir), mettre les chômeurs en stage pour les éliminer des statistiques, donner des carottes aux entreprises pour les inciter à recruter, créer des emplois publics à faible rémunération, développer la formation, etc. Des initiatives qui n'étaient pas toutes mauvaises, loin de là, mais qui se sont succédé fréquemment d'une manière chaotique et s'attaquaient aux effets et non aux causes.

Rien n'est plus significatif à ce sujet que

l'approche adoptée par Martine Aubry et Lionel Jospin. Elle repose sur deux piliers :

— créer pour les jeunes des emplois payés au SMIC, mais avec une subvention de l'État égale à 80 % du SMIC, alors que la bonne mesure consisterait à changer l'assiette des charges sociales pour réduire substantiellement le coût du travail de faible compétence sans réduire le revenu des travailleurs correspondants ;

— mettre en œuvre la réduction de la durée légale du travail à 35 heures en escamotant le problème du coût des travailleurs de faible compétence et en oubliant que la mesure conduira les entreprises à substituer d'autres facteurs de production à l'emploi de ces travailleurs. Un projet fascinant parce qu'il effectue la synthèse de plusieurs credos du passé : la baisse de la durée légale du travail comme si cette durée devait garder un sens dans la société d'information et comme si l'aspiration à la réduction était aussi uniforme que jadis ; l'augmentation du salaire horaire comme si l'on pouvait négliger l'état du marché du travail pour les diverses compétences ; le partage comme si tous les travailleurs offraient le même service et comme si le volume de travail disponible était donné, ce qui est faux !

On se croit au temps de la société industrielle et des années 60. Certains syndicats du secteur public ne luttent-ils pas déjà pour préparer la titularisation des jeunes qui seront recrutés par application du plan Aubry ! Éloignez la nomenklatura française du Gosplan, elle y revient naturellement comme à son point d'équilibre.

Ainsi, le chômage, qui est la maladie la plus pernicieuse dont souffre la société française, résulte directement de l'incapacité du modèle des années 60, auquel les Français se réfèrent inconsciemment, à s'adapter la mondialisation et au nouvel environnement technologique.

LA MONTÉE DE LA XÉNOPHOBIE

À l'égard de l'Autre, les attitudes de toute société s'enracinent dans sa culture historique, mais se colorent en fonction du contexte du moment.

Persuadée depuis le XVIIIe siècle qu'elle a vocation à l'universel, la culture française admet volontiers l'autre, quels que soient sa provenance ou son lieu de naissance pour autant qu'il s'assimile et perde tout caractère distinctif. D'où son attachement au droit du sol, qui exprime la confiance que tout enfant né sur le territoire de la République deviendra, indépendamment de ses parents, un citoyen banal.

Jusqu'à nos jours, le processus d'assimilation a très bien fonctionné, même s'il s'est souvent étendu sur plus d'une génération. Certains doutent qu'il en soit ainsi dans l'avenir pour la population d'origine maghrébine à cause de l'islam et de la structure de la famille d'Afrique du Nord où la communauté des frères veille sur la population féminine. Mais Emmanuel Todd[7] a heureusement montré qu'il y a quelques années cette crainte était excessive : le taux important de mariages entre Français et Algériennes, Algériens et

7. E. TODD, *Le Destin des immigrés*, Paris, Le Seuil, 1994

Françaises, la tiédeur des immigrés à l'égard de l'islam, le dynamisme des jeunes « beurettes » qui font éclater les structures familiales du Maghreb et se comportent comme des Françaises de souche sont des signes qui ne trompent pas.

Hélas ! Dans ce domaine comme dans tant d'autres, nous recueillons les fruits amers de notre attachement au modèle des années 60. En engendrant du chômage structurel, notre système sclérosé de redistribution sociale rend difficile l'emploi des jeunes peu compétents. Or, parmi eux, se trouvent naturellement des garçons issus de l'immigration, déjà déstabilisés par l'émancipation de leurs sœurs. Que certains se révoltent ne doit pas surprendre. Mais, face à eux, des ouvriers et des employés, convaincus que le nombre d'emplois est une donnée indépendante du coût du travail, se persuadent aisément que les immigrés prennent leur place et que c'est à cause d'eux qu'ils se retrouvent sans emploi. De là à voter pour le Front national qui affirme une préférence « française », il n'y a qu'un pas. Comme la crise de 1929 a favorisé la montée du national-socialisme en Allemagne, la clique de Jean-Marie Le Pen profite de notre adhésion à un modèle périmé. En défendant les instrument de la redistribution sociale élaborés pendant les Trente Glorieuses – alors même que ces instruments sont devenus inadaptés –, la gauche nourrit ce qu'elle exècre : l'extrême-droite, et compromet l'assimilation des jeunes issus de l'immigration, ces jeunes dont les plus dynamiques montrent tous les jours leurs capacités exceptionnelles de créativité.

L'APPARITION DE NOUVELLES INÉGALITÉS

Dans une économie de plein emploi, comme dans les années 60, où certaines progressions de carrière sont assurées, où l'épargne est peu rémunérée mais les retraites garanties, la seule inégalité véritablement perçue est celle des revenus. Et comme, dans ces revenus, l'essentiel provient du travail, le projecteur est uniquement braqué sur les différences de salaires.

Dans la société actuelle il n'en est plus de même : les inégalités sont en train de se diversifier.

D'un individu à l'autre, la probabilité de perdre son emploi à court ou moyen terme varie largement : nulle pour le personnel à statut, elle est, à l'autre extrême, proche de la certitude pour tous ceux qui sont soumis à des conditions d'emploi précaires.

De même, la probabilité de trouver rapidement un poste dépend significativement de la compétence, de l'âge, du sexe, de la nationalité. Ainsi, de nombreux individus se trouvent, par leur exclusion du marché du travail, marginalisés alors qu'ils n'ont aucune vocation à l'être. Par exemple, pour beaucoup de jeunes, il serait préférable d'avoir un emploi, même à un niveau de revenu inférieur au SMIC. Mais cette voie, ouverte par Édouard Balladur, a dû être refermée, car les jeunes, au nom du modèle français, ont vécu comme une discrimination des mesures proposées pour les aider.

Ces nouvelles inégalités remettent en lumière des inégalités plus anciennes entre les travailleurs de différents secteurs. « Ainsi, les employés des hôtels, cafés et restaurants ou les chauffeurs routiers travaillent en moyenne une centaine d'heures par an de plus que les ouvriers de l'industrie. À l'inverse, les ouvriers de l'électricité et du gaz ainsi que les employés des assurances effectuent presque une centaine d'heures de moins que leurs collègues de l'industrie. En d'autres termes, tout se passe comme si un serveur de restaurant travaillait au moins cinq semaines de plus par an qu'un guichetier d'assurance. L'accès inégal à la retraite constitue une autre injustice flagrante[8]... »

Plus généralement, les règles d'égalité de l'État-protecteur sont devenues une source importante d'inégalités. Je siège au conseil d'administration de la Fondation Georges-Besse, qui attribue des aides à des jeunes en situation familiale difficile et qui veulent poursuivre leurs études d'ingénieur. Pour de nombreux candidats, les critères d'attribution ou les volumes des bourses de l'enseignement supérieur ne répondent pas au problème. Le système n'est pas assez personnalisé.

Au niveau actuel de développement de la société française, le problème est moins d'attribuer à tous des droits égaux que de différencier l'assistance en fonction des besoins individuels. Un renversement total de perspective.

L'école primaire pour tous est un vieil acquis du XIXe siècle. Mais faut-il, à l'avenir, améliorer le service en diminuant le nombre d'enfants par classe ou offrir des cours particuliers aux enfants des familles en difficulté ? Les syndicats d'enseignants persévèrent dans la

8. Michel Godet, *La Galère inégale*, texte remis à l'auteur.

première voie dont les études montrent que l'efficacité est nulle et dédaignent la seconde dont des expériences sur le terrain montrent l'intérêt.

Alors que le slogan de la société future devrait être l'égalité par la diversité, la société française vit encore à l'heure de l'égalité par l'uniformité des droits, une formule qui avait un sens quand tous les citoyens n'avaient pas accès au droit de vote, à l'éducation, à la santé, à la retraite, mais qui se révèle aujourd'hui inefficace et coûteuse. Coûteuse parce qu'elle restitue à beaucoup, après des frais de gestion notables, des sommes du même ordre que celles qu'ils apportent au système. Inefficace parce que cet énorme brassage financier résorbe rarement les situations les plus critiques.

Que la réforme de ce système soit une tâche titanesque, on ne peut en douter. Mais il n'y a aucune chance d'ouvrir ce chantier sans un changement préalable de notre modèle conceptuel. Construire ce nouveau modèle, tout en restant fidèle aux valeurs républicaines, voilà un défi pour les Condorcet de la prochaine génération.

LES RIGIDITÉS DU SYSTÈME ÉDUCATIF

Tantôt décrié comme le responsable du chômage et des malheurs français, tantôt considéré comme l'un des meilleurs du monde, notre système éducatif est un bon exemple de la réussite des années 60 et de nos difficultés à vivre la société d'information.

Un chiffre pour commencer : si l'on considère les élèves et les étudiants comme des actifs qui travaillent à se former, le système éducatif emploie 14,5 millions de personnes sur une population active élargie de 35 millions d'êtres, soit 41 % ! Et le sort professionnel de ce « personnel » (enseignants ou enseignés) est entièrement commandé à partir d'un immeuble, rue de Grenelle à Paris.

Système complexe, bureaucratique, hiérarchisé, faisant coexister, au sommet, une administration omniprésente et anonyme et, à la base, des professeurs qui jouissent dans leur classe d'une liberté totale et la paient d'un prix, la solitude, l'Éducation nationale trie parmi les demandes sociales, accepte ou refuse les innovations et les changements, se soumet aux injonctions centrales ou y répond par des effets pervers et se révèle, en fin de compte, capable des succès les plus incontestables et des échecs les plus évidents.

Ainsi, elle a fait sien l'objectif d'amener 80 % d'une classe d'âge au niveau du baccalauréat, car cet objectif était dans la ligne de son ambition séculaire de conduire toute la population de la maternelle au doctorat, mais elle n'a jamais accepté que l'enseignement technique reçoive la même considération que les études classiques et personne n'a réussi à casser le processus de distillation fractionnée des élèves qui fonctionne dans le secondaire. Pourquoi ? Parce que la volonté inavouée du système – et ce qui fait la fierté des enseignants – est d'extraire de la population française les élites d'enseignants et de fonctionnaires qui l'encadreront demain. Comment ? Par le diplôme qui, à l'aube de la vie adulte, définit une fois pour toutes les capacités de chacun sur la base du savoir. De même que les aptitudes pédagogiques jouent un rôle mineur dans le recrutement des enseignants, le comportement ne compte guère dans l'obtention des diplômes, pour peu qu'il ne s'oppose pas à l'acquisition passive des connaissances.

Ainsi, ce système qui a été en harmonie profonde avec la société industrielle dont il a été l'un des moteurs du développement risque de se heurter de plus en plus à l'opposition d'une société où les demandes de formation sont omniprésentes mais sous des formes infiniment plus diversifiées.

Dans cette perspective, on ne peut se satisfaire de la proposition simple selon laquelle la croissance du nombre d'années d'études engendre automatiquement l'amélioration des compétences, augmente la productivité des individus, permet des salaires plus élevés, facilite la croissance et fait baisser le chômage. Pourquoi ? Parce qu'on ne peut pas passer de la structure de la production nationale aux compétences demandées par des jeux de coefficients. Parce que la compétence – ce que recherchent en principe les employeurs – fait intervenir à la fois des savoirs, des savoir-faire et des comportements et que l'on ne peut donc faire l'hypothèse que le niveau de formation définit le niveau de compétences. Parce que le chômage des jeunes ne résulte pas seulement de leur niveau de formation, mais aussi des coûts de leur travail.

Il est triste de voir l'Éducation nationale s'ingénier à inventer des qualifications nouvelles, à valider les acquis professionnels, à multiplier les diplômes. Voyageuse en retard qui court après le train de l'Histoire, elle ne veut abandonner aucun des bagages qui l'encombrent.

Une société nouvelle est en gestation, une société pénétrée d'information, imprégnée de science et de technique, ouverte sur le monde, caractérisée par la diversité des situations individuelles, marquée par la variété des rythmes temporels, une société avide de compétences en perpétuel renouvellement et où un grand nombre d'hommes et de femmes détiendront chacun une parcelle du savoir-faire collectif, une société qui s'interroge sur le sens de son existence et de sa destinée... Pour cette société va devoir émerger lentement un nouveau système éducatif, multiple dans ses lieux, ses parcours, ses contenus, ses acteurs, capable de s'intéresser aux adultes comme aux jeunes, susceptible de s'adapter à la diversité des demandes de générations entières... Un système éducatif qu'en dépit des résistances la France va devoir progressivement inventer par touches successives. On peut souhaiter bien du plaisir aux futurs ministres de l'Éducation nationale.

LES RIGIDITÉS DE L'ÉTAT

L'État ne peut pas et ne doit pas être géré comme une entreprise. Ses services sont jugés sur d'autres critères que le profit : le respect du droit, l'égalité de traitement des citoyens, la continuité. Il n'en reste pas moins que l'État, comme toute organisation, a, vis-à-vis de la collectivité, la responsabilité d'offrir ses services au moindre coût et de redéployer en permanence les moyens en fonction des besoins de la société.

Or, l'État français résout très mal ces deux problèmes.

Réaffecter les ressources lui est très difficile. S'agit-il du personnel, il ne peut qu'opérer à la marge en modulant lentement les recrutements par corps. Or, les effectifs commandent le niveau des dépenses courantes, les besoins immobiliers et, dans une certaine mesure, les équipements qu'il faut mettre à la disposition des fonctionnaires. Par ailleurs, les secteurs de l'administration correspondant à des demandes moins prioritaires s'inventent, pour survivre, de nouvelles tâches soutenues à l'occasion par de petits groupes de pression. Ils réussissent donc à freiner ou même à arrêter leur déclin, tandis qu'*a contrario* le ministère du Budget ne peut pas s'opposer à un certain développement des services répondant aux nouvelles demandes. Comme la société française se tourne plus que d'autres vers l'État pour résoudre ses problèmes, des activités nouvelles s'ajoutent en permanence aux services de l'État tandis que sont maintenues des activités anciennes répondant à des besoins seconds.

Mais il y a pire : plus les décisions gouvernementales prises en vertu du modèle mental des années 60 enfantent des effets pervers, plus l'État crée des institutions parasites dont le seul objet est de corriger à la marge les symptômes. La France est spécialisée dans les baumes, onguents et remèdes de charlatans. Y a-t-il beaucoup de pays où l'on trouve une telle profusion de subventions et d'agences (pour la maîtrise de l'énergie, l'amélioration des conditions de travail, la création d'entreprise, la formation des adultes ; la liste complète prendrait plusieurs pages d'un Bottin) ? Et ces organismes factices sont dotés de moyens si dérisoires qu'ils ne peuvent atteindre les objectifs qu'on leur a confié.

À la rigidité dans l'affectation des ressources s'ajoute la mauvaise gestion des coûts. Comprimer les coûts peut être fait de deux manières : en rognant sur les crayons, les voyages, la peinture des murs ; en adaptant les moyens en permanence. L'administration excelle dans l'emploi de la première méthode. Elle est lourde et pataude dans le recours à la seconde. Elle tend à plaquer les technologies nouvelles sur les anciennes structures. Elle ajoute des ordinateurs sans supprimer les postes que pourraient remplacer ces ordinateurs. D'où une augmentation des coûts pour une qualité de service qui n'est pas toujours améliorée. Les entreprises font exactement le contraire. Elles s'attaquent en particulier aux frais centraux qui, au nom de la coordination, du contrôle, du développement de méthodes nouvelles, tendent constamment à s'accroître. Certaines soumettent même les dépenses d'état-major à l'approbation des divisions décentralisées. Rien de tel au niveau de l'État, alors que beaucoup des services centraux des administrations constituent l'état-major de la nation ! A-t-on vu des recteurs avoir le droit de refuser le financement de certaines directions du ministère de l'Éducation nationale ?

Quand on observe de jour en jour les efforts colossaux des entreprises concurrentielles pour diminuer leurs coûts sans dégrader leurs services, on comprend que l'écart d'efficacité ne puisse que se creuser entre les administrations et les entreprises. Dans la fonction publique, seuls quelques individus se sentent concernés par la réduction des dépenses – ce qui n'est pas équivalent à la tenue des budgets – et ils se heurtent en général à des résistances insurmontables. Dans les entreprises, au contraire, la pression du marché est si forte que tous, bon gré mal gré, sont impliqués dans la diminution des coûts.

Mais pourquoi, me dira-t-on, est-ce si grave que l'administration n'utilise pas pleinement les possibilités techniques pour comprimer ses dépenses ? Ne peut-il y avoir en France un secteur où le personnel se sent dans une situation moins tendue et moins incertaine ? Cet espoir est vain, car les dépenses de l'État doivent être couvertes par des impôts et toute inefficacité de l'État se traduit par une diminution du niveau de vie moyen. La résistance des contribuables à l'augmentation de la pression fiscale empêchera l'État tôt ou tard de répondre, autant qu'il le souhaiterait, à des demandes nouvelles qui seraient prioritaires.

Ces vices de l'administration d'État – bien connus depuis longtemps – posent en cette fin de siècle des problèmes infiniment plus sérieux que dans les années 60 : influence lourde des technologies de l'information, compétition implicite entre les États qu'induit la mondialisation, pourcentage plus élevé des prélèvements obligatoires, concurrence plus vive entre les multinationales, croissance lente, diversification des demandes sociales.

Que l'on ne se méprenne pas. Je ne préconise nullement un affaiblissement du pouvoir de l'État, une disparition des services publics nationaux. Tout au contraire, pour que l'État reste fort dans le monde globalisé et incertain de demain, il faut qu'il se concentre sur ses tâches principales et délègue à des unités périphériques (comme une entreprise à ses sous-traitants) l'exécution de fonctions dont la nature n'est pas régalienne.

De nombreuses expériences sont faites dans ce sens. Elles n'ont pas l'ampleur nécessaire et elles sont faites sous le manteau, à la nuit tombante, comme si les hommes politiques avaient peur d'expliquer à la nation les nécessités de l'avenir.

Le modèle français dont les années 60 marquent l'apogée avait sa logique, sa cohérence, sa noblesse. Il n'est donc pas étonnant que les Français, souvent inconsciemment, s'y réfèrent tous les jours, confondant allègrement les valeurs sous-jacentes au modèle et le modèle lui-même. Pourtant, technologies de l'information et globalisation sonnent le glas de ce modèle. Elles lui portent tous les jours des coups de boutoir répétés. Les lézardes de la construction se multiplient. En dépit des étais, des pans de mur s'apprêtent à s'effondrer. Or, plutôt que de repenser l'édifice, nous préférons mettre des cuvettes sous les gouttières du toit. Au moment où un troisième orage va déferler sur cette demeure branlante : celui de la démographie...

Chapitre V

L'OMBRE DU VIEILLISSEMENT

Parler de démographie en France est devenu une aventure périlleuse. Qui évoque des flux migratoires possibles encourt les foudres de l'extrême-droite. Qui espère une reprise de la natalité est accusé de porter atteinte à la liberté des femmes. Qui dénonce les effets du vieillissement est jugé hostile à la juste revendication des travailleurs de voir abaisser le seuil de la retraite. Qui souligne le coût élevé des soins nécessités par le grand âge est parfois soupçonné d'être favorable à l'euthanasie...

Je n'envisage nullement dans ce chapitre d'aborder l'ensemble du débat. Mon propos se limite à un seul thème : le modèle français qui est déjà en crise sous le double effet des technologies de l'information et de la mondialisation va subir un troisième assaut du fait de la démographie.

Notre modèle repose en effet sur la conviction que la croissance permet simultanément d'augmenter le revenu des actifs, d'abaisser l'âge de la retraite et de maintenir ou d'augmenter les pensions. En d'autres termes, le supplément de richesse produit par les actifs est suffisant pour que ces derniers voient leur situation s'améliorer, même si en parallèle augmente le nombre des inactifs retraités et s'élève le niveau de leurs pensions. Dans ce modèle, la croissance adoucit d'autant plus les conflits entre les générations que la démographie gonfle le nombre des adultes et réduit le pourcentage des personnes âgées.

Nous savons bien qu'il n'en est plus ainsi, vont rétorquer certains lecteurs, et le chômage n'est-il pas la preuve que l'on n'a pas besoin de toute la population active ? Pourquoi ne pas le supprimer en augmentant le nombre des retraités, ce qui réduira d'autant le nombre des chômeurs ? Un raisonnement doublement faux : on ne transvase pas les travailleurs comme un liquide dans une baignoire et la preuve a été faite que l'abaissement de l'âge de la retraite ne crée pas poste à poste des emplois supplémentaires ; le coût d'un chômeur est inférieur au coût d'un retraité et une telle procédure exacerbe les conflits qui s'annoncent entre les adultes actifs et les retraités. En réalité, toutes les erreurs sur les politiques de l'emploi qui sont la conséquence de nos modes de pensée vont rendre plus dramatiques les problèmes suscités par le vieillissement.

Les réalités démographiques

Curieuse science que la démographie ! D'un côté, elle est capable de dérouler avec précision l'évolution d'une population par sexe et âge en fonction de la fécondité, de la mortalité et des flux migratoires. De l'autre, elle ne fournit aucune analyse solide des retournements de la natalité, de l'allongement de la vie humaine et de l'intensité des flux migratoires. Elle peut faire des projections sur un demi-siècle mais au prix d'hypothèses nombreuses et l'écart entre les variantes, minime sur dix ans, devient considérable sur trente ou cinquante ans.

Pourquoi, dans ces conditions, se préoccuper des menaces ? Dansons sur le pont d'Avignon. S'il s'effondre, nous verrons bien.

Et pourtant, malgré leurs divergences, les scénarios conservent un solide noyau commun[1].

Commençons néanmoins par les différences.

À l'horizon 2050, la population de la France – qui est actuellement aux alentours de 59 millions – pourrait varier de moins de 50 millions (variante basse des dernières projections des Nations-Unies) à presque 74 millions (variante haute des projections de l'INSEE en 1995). Baisse de 9 millions dans un cas, hausse de 15 millions dans l'autre. D'où viennent de tels écarts ? De trois causes : la durée de vie moyenne, le nombre d'enfants par femme, le solde migratoire.

Le chiffre le plus faible estime l'espérance de vie au milieu du prochain siècle à 79,3 ans pour les hommes et 86,7 pour les femmes. Il retient à la même

1. Cette partie s'inspire largement de la synthèse des études sur la France faite par Ch. du Granrut, H. de Jouvenel, A. Parant, « Vers une prospective des retraites en France à l'horizon 2030 », *Futuribles*, 1997.

époque un taux de fécondité de 1,5 enfants par femme. Il adopte l'hypothèse d'un solde migratoire nul.

La variante la plus élevée porte la durée de vie moyenne des hommes à 82,2 ans et celle des femmes à 90,4 ans. Elle admet que le taux de fécondité atteint 2,1 (valeur qui correspond à long terme au renouvellement des générations) et que le solde migratoire est de 50 000 entrées nettes annuelles.

Notons au passage que l'écart entre ces deux estimations n'est pas le plus élevé que l'on puisse concevoir : la médecine peut faire des progrès plus spectaculaires ou se heurter à des difficultés imprévues, les fluctuations de la natalité nous ont déjà réservé bien des surprises, le solde migratoire peut devenir négatif si la France n'est plus terre d'accueil et si les jeunes Français les plus dynamiques préfèrent s'expatrier, comme certains le font déjà.

Venons-en aux similitudes. Actuellement, la population de moins de 50 ans est de 40 millions environ, celle de 50 ans et plus, de 19 millions. Or, en 2050, dans les deux hypothèses mentionnées plus haut :

— la population « jeune » s'effondre et atteint 27 millions tandis que la population âgée s'accroît jusqu'à 23 millions dans la variante faible ;

— la population « jeune » augmente légèrement et atteint 44 millions tandis que la population âgée grimpe à 29 millions dans la variante forte.

En d'autres termes, l'évolution se situe, pour les jeunes et les adultes, entre une chute rapide et une faible croissance, pour les personnes âgées, entre une forte et une très forte hausse.

Au sein des plus de 50 ans, les « seniors », la

croissance des effectifs, plus ou moins régulière selon l'évolution passée de la natalité, est d'autant plus forte que les âges considérés sont plus élevés. La raison en est simple : plus on monte dans l'échelle des âges et plus sont importants les effets cumulés de la baisse de la mortalité.

Mais les vieux de demain ne seront pas les vieux d'hier. Tout dépendra de la qualité de la vie des années supplémentaires conquises sur la mort. Il semble qu'actuellement, les gains d'espérance de vie s'accompagnent d'une contraction, au moins relative, de la morbidité : l'âge moyen à l'apparition des maladies incapacitaires serait davantage retardé que l'âge moyen au décès. Pourtant, même avec des hypothèses optimistes, le nombre de personnes dépendantes serait multiplié par un coefficient de 2,5 entre maintenant et 2050.

Certes, 2050 est aussi éloigné dans l'avenir que l'est dans le passé la fin de la Seconde Guerre mondiale. Les phénomènes démographiques sont lents.

Néanmoins en 2010, c'est-à-dire demain, les projections se situent entre 59 et 63 millions et la population des seniors atteint déjà 22 millions, l'écart entre les variantes ne concernant évidemment que les moins de 50 ans.

Retenons ce chiffre : quatre millions de seniors en plus en une douzaine d'années.

Dès maintenant, le basculement est sensible : de 1990 à 2005, le nombre des moins de 20 ans baissera en France de 0,5 million et celui des 20-39 ans de 0,8 million. Lentement, les jeunes sont marginalisés dans la société, les plus âgés luttant pour la conservation de leur emploi et la protection de leurs retraites. Peut-on affirmer comme Michel Godet et Régine Monti[2] que « cheveux blancs et croissance molle vont de pair » ? L'assertion est difficile à prouver, mais on peut en revanche affirmer que, contrairement aux années 60 où la situation démographique a facilité la réussite du modèle français, l'évolution actuelle de la population accentue la crise de ce modèle.

Que signifient pour les retraites les constats de la démographie ?

L'avenir des retraites

L'évolution future des charges de pension n'est pas la simple résultante des projections de population par sexe et par génération : l'âge auquel les individus commencent à recevoir une pension, le montant des droits acquis par eux aux cours de leur carrière, le niveau et la hiérarchie des salaires influencent aussi le résultat. Quant au poids relatif de ces prélèvements sur la production future et donc sur le niveau de vie des adultes de demain, il est d'autant plus lourd que la croissance économique est faible.

Des études faites par l'OCDE et le Commissariat au plan on peut néanmoins déduire quelques conclusions indiscutables.

---

2. Michel GODET et Régine MONTI, « Cheveux blancs et croissance molle vont de pair », *La Tribune*, 2 décembre 1997.

Dans tous les scénarios envisagés, l'alourdissement des prélèvements pour financer les pensions est inéluctable, surtout à partir de 2005, et sera difficilement supportable à moyen terme, quelles que soient les hypothèses de croissance économique.

La tendance à l'augmentation future des dépenses de retraite est due non seulement à l'accroissement du nombre des personnes âgées (augmentation du nombre de personnes arrivant à l'âge de la retraite et augmentation de la durée de vie de retraite), mais aussi à d'autres facteurs comme la présence sur le marché du travail d'une fraction plus importante de chaque génération.

En raison de l'évolution différenciée du nombre des actifs par branche, les problèmes de financement seront plus précoces pour les régimes des exploitants agricoles, de la SNCF, des fonctionnaires que pour les régimes du secteur privé. Toutefois, si l'alourdissement des charges est inéluctable, leur poids et leur répartition demeurent largement indéterminés.

D'un point de vue individuel, les générations futures connaîtront un revenu net sur leur cycle de vie comparativement moindre en proportion de leurs revenus d'activité que les générations actuelles.

Citons seulement pour illustrer ces propos les résultats d'une étude de l'OCDE [3]. Selon ce document, le montant des pensions des régimes publics passerait

3. Citée par Ch. du Granrut, H. de Jouvenel, A. Parant, *op. cit.*

de 799 milliards de francs (1994) en 1995 à un chiffre compris entre 832 et 1 070 en 2010 :

— l'évaluation la plus faible suppose que l'âge de la retraite est augmenté de six mois par an à partir de 2006 ;

— l'évaluation la plus haute suppose que les pensions varient comme les salaires à partir de 2005.

Si les règles actuellement en vigueur en matière de pensions étaient maintenues, on aboutirait au chiffre intermédiaire de 967 milliards, soit une augmentation de 20 % environ.

La conclusion est facile à tirer : si le modèle actuel qui, à cause du chômage, stérilise une partie importante de nos ressources humaines perdure, un conflit intergénérationnel sévère est à prévoir, car les adultes employés ne supporteront plus de voir leur revenu stagner ou même diminuer au profit d'une population dite retraitée de plus en plus importante, et cela d'autant plus que certains commenceront à se rendre compte que l'augmentation des cotisations sur les salaires contribue à les exclure du marché du travail.

Il faudra bien envisager alors soit une augmentation de l'âge de la retraite (le choix pouvant être laissé aux individus avec différenciation des droits à pension), soit une baisse sensible du revenu des retraites, partiellement et très inégalement compensée par les produits de l'épargne passée. De beaux jours se préparent.

La santé et le vieillissement

La consommation de santé des personnes âgées a connu une forte hausse dans les vingt dernières années. Elle représente une part importante de la consommation médicale totale. Quoique délicat à apprécier, l'impact du vieillissement sur les dépenses publiques de santé devrait donc être sensible.

Partons de quelques repères.

Par personne et par an, les dépenses médicales varient de l'indice 100 pour la tranche des 30-39 ans aux indices 259 pour les 60-69 ans, 360 pour les 70-79 ans et 428 pour les plus de 80 ans.

Les personnes de 60 ans et plus qui constituent 20 % environ de la population consomment près de 40 % des soins de ville.

Estimer les dépenses futures oblige à tenir compte de l'interférence entre trois catégories de facteurs : ceux liés à l'âge des individus qui traduisent essentiellement des données biologiques, ceux liés à la période qui résultent de l'environnement socio-économique, culturel et scientifique spécifique à un moment donné, ceux liés à la génération et à la trajectoire historique des individus qui la composent.

Inutile de cacher la difficulté de telles estimations compte tenu des progrès futurs de la médecine et de l'influence sur la santé des prochaines générations de personnes âgées du suivi sanitaire dont elles ont bénéficié à l'âge adulte.

Je citerai, sous toute réserve, une poignée de chiffres.

Selon une première étude, le taux de la cotisation-maladie devrait augmenter, du fait du vieillissement, de 9,2 % à l'horizon 2010 et de 36,6 % à l'horizon 2030.

L'INSEE estime que, quel que soit le scénario, la population dépendante s'accroîtra et vieillira à partir de 2010 et surtout à partir de 2020. À l'horizon 2020, elle serait comprise entre 770 000 et 1 200 000. D'où la nécessité d'une augmentation de la capacité des établissements d'hébergement et des services d'aide et de soins à domicile.

Le vieillissement aura d'autres conséquences que celles sur les retraites et la santé. Il influencera l'évolution de l'épargne et la composition des patrimoines. Il modifiera la consommation des ménages. Il obligera à adapter les postes de travail...

Certains objecteront qu'il est aisé de rétablir l'équilibre par âges de la population française : ne suffit-il pas de recourir à l'immigration ? Cette solution suppose néanmoins deux conditions : des plafonds de volume car l'assimilation des étrangers demande du temps, même si elle s'effectue plutôt bien dans la société française contemporaine ; une plasticité économique et sociale qui facilite l'insertion des immigrés de faible niveau de compétence et élargit la dispersion des coûts du travail. En d'autres termes, combattre par l'immigration les effets du vieillissement n'évite pas la remise en cause de nos concepts traditionnels.

D'autres pistes devront être explorées : la retraite à la carte permettant à chacun d'arbitrer entre la durée de sa vie professionnelle et le montant de sa pension ; une modulation des allocations familiales les concentrant à partir du troisième enfant ; une gestion plus stricte de la sécurité sociale et un accroissement de l'efficacité du système de santé...

Le but de ces quelques pages n'est pas de crier « Au loup, au loup... ». La société française peut résoudre les problèmes engendrés par le vieillissement si elle s'adapte. Mais dans le cas contraire, la démographie se conjuguera aux autres facteurs pour accentuer la crise de notre modèle. Elle pourra même provoquer le choc qui le fera exploser.

Chapitre VI

UN AVENIR OUVERT

Les Français, dans leur majorité et souvent inconsciemment, s'efforcent de défendre et aspirent à restaurer un modèle périmé. Non dans ses valeurs mais dans ses instruments. Aussi, ne faut-il pas s'étonner s'ils perçoivent l'avenir comme un âge de bronze et envisagent l'environnement futur sous des couleurs plus sombres que celles suggérées par une froide analyse.

Cet écart de vision, il faut en prendre conscience avant d'aborder les deux questions qui justifient cet ultime chapitre : comment peut évoluer la crise du modèle français et sur quelles situations peut-elle déboucher ? Quelles voies explorer pour accroître les chances d'un ralliement de la France autour d'un modèle adapté au monde de demain ?

Regarder l'avenir en face

L'avenir n'est pas écrit puisqu'aux déterminismes techniques, économiques et sociaux se superposent d'une part le hasard des découvertes, des apparitions de personnalités exceptionnelles, des chocs entre enchaînements historiques partiels et d'autre part les projets que les individus ou les groupes s'efforcent de réaliser. Il est toutefois des tendances lourdes qui, sur un certain horizon au moins, encadrent les futurs probables.

Vers 1980, lorsque j'écrivais *Les Mille Sentiers de l'avenir*[1], quatre peurs, légitimes, assombrissaient le diagnostic.

Le maintien de taux de fécondité élevés dans le tiers-monde faisait craindre la continuation échevelée de la croissance de la population mondiale (certains n'envisageaient-ils pas à l'époque une terre contrainte de nourrir 30 milliards d'hommes et de femmes ?).

La conjonction de l'explosion démographique et de la hausse des consommations suscitait la peur d'une rareté croissante des sources d'énergie, des matières premières et des terres agricoles et, plus généralement, d'une montée des problèmes d'environnement physique compromettant définitivement le développement.

L'impossibilité, pour une large partie de

1. J. LESOURNE, *Les Mille Sentiers de l'avenir*, Paris, Seghers, 1981.

l'humanité, de s'arracher au sous-développement nourrissait l'inquiétude de voir le fossé s'élargir entre pays riches et pays pauvres au point de rendre la planète grosse d'une explosion sociale.

La poursuite de la confrontation entre l'Est et l'Ouest, cette confrontation qui envenimait les conflits au sein du tiers-monde, en Afrique et au Moyen-Orient notamment, maintenait présent le spectre d'une troisième guerre mondiale.

Sur ces quatre points, les quinze dernières années conduisent à adoucir le diagnostic. La chute de la fécondité se poursuit et la croissance de la population mondiale commence à s'infléchir fortement. Une asymptote aux alentours de 10 à 12 milliards paraît maintenant vraisemblable. Le ralentissement démographique, la diminution des taux de croissance économique dans les pays développés, l'amélioration de l'efficacité dans l'utilisation des ressources naturelles réduisent la pression que l'humanité exerce sur l'écosphère. Certes, le problème des émissions de CO_2 n'est pas résolu et le sera sans doute avec retard, mais tout porte à croire que l'humanité apprendra progressivement et à travers des conflits à gérer ses relations avec l'écosphère.

La différenciation du tiers-monde qui s'annonçait en 1981 est devenue réalité. L'Asie, de l'Inde à la Chine en passant par l'Indonésie, est en train de s'arracher au sous-développement [2]. Or, ces pays représentent les

2. La crise financière asiatique n'est à cet égard qu'un phénomène second qui ne devrait pas avoir, à long terme, de conséquences importantes.

deux tiers de la population mondiale. Mesure-t-on l'ampleur du bouleversement qui s'annonce ? En Amérique latine aussi, après l'affreuse décennie 80, celle de la crise de l'endettement, la situation s'améliore, même si la dynamique du développement n'y a pas la vigueur qu'elle revêt en Asie de l'Est et du Sud. Deux zones restent préoccupantes : l'Afrique au sud du Sahara avec les drames du Rwanda et du Zaïre (mais, *a contrario*, il ne faut pas oublier ce que signifie pour l'avenir et sur le plan éthique la fin de l'apartheid en République sud-africaine) ; la région arabo-turco-persane qui, de Marrakech à Kaboul, est secouée par l'islamisme, le mal-développement et les conflits locaux.

L'effondrement de l'Empire soviétique et de l'URSS elle-même a permis en Europe la disparition du rideau de fer, puis l'unification de l'Allemagne et a mis fin à une course aux armements qui n'avait pas cessé depuis la Seconde Guerre mondiale. Certes, le futur à long terme de la Russie reste encore incertain, mais la probabilité de scénarios non conflictuels a fortement augmenté. La Chine, de son côté, s'efforce de combiner liberté économique et régime politique totalitaire, mais si la croissance économique continue, une dose de libéralisation politique interviendra tôt ou tard.

Naturellement, rien ne serait plus absurde que de substituer des rêves angéliques à des cauchemars d'Apocalypse. Nous n'avons nullement assisté à la fin de l'Histoire. Il suffit d'énumérer, de l'Algérie à l'Égypte, d'Israël à la Turquie, de l'Irak à l'Afghanistan, tous les pays de la longue bande de l'ancienne civilisation islamique pour prendre conscience de la puissance explosive d'une région dont, un jour, les armes atomiques ne seront pas absentes.

Il n'empêche. Pour qui scrute l'avenir, les visions sont plus rassurantes aujourd'hui qu'il y a vingt-cinq ans.

La société française n'est, pour le moment, en face d'aucune menace extérieure précise, comme ce fut le cas depuis plus de cent ans, avec l'Allemagne d'abord, l'URSS ensuite. Ses préoccupations concernent des inquiétudes plus diffuses, la société d'information, la construction de l'Europe, la mondialisation, l'immigration. Sa grande peur est que ces nouveaux facteurs, dont elle mesure mal le contenu et la portée, ne ruinent l'équilibre social qu'elle avait trouvé lors des années 60 dans une combinaison de marché, d'État-protecteur et de négociation sociale.

Si la société industrielle évoque le dur labeur du mineur ou du sidérurgiste, le travail à la chaîne des OS de l'automobile, l'anonymat de la condition ouvrière, aucune image aussi sombre ne peut être associée à la société d'information, bien que cette société soit anxiogène : elle oblige chacun à assumer les marges de liberté qu'elle donne, à adopter un comportement plus autonome, à affronter l'incertitude, à ne pas se laisser submerger par le flot d'informations qu'elle produit. Elle contraint aussi à accepter plus souvent le face à face et donc le jugement des autres, en tant que client, supérieur hiérarchique, électeur ou journaliste... La société d'information suscite aussi de fausses peurs lorsque les individus font d'elle le bouc émissaire des conséquences de leur résistance au changement.

La mondialisation de son côté ne devrait infliger aux Français aucune baisse de leur revenu moyen. Elle est dans l'ensemble économiquement favorable. Elle permet d'entrer en relation avec d'autres cultures et d'assumer plus pleinement la condition humaine. Même si l'anglais est destiné à devenir la langue universelle, elle ne met en péril ni nos traditions culturelles ni notre langue. Néanmoins, la mondialisation est aussi source d'anxiété : elle élargit et brouille les références (les écrivains contemporains qui marquent l'époque ne sont plus une dizaine, mais une centaine, la Nouvelle-Zélande influence les cours de la viande de mouton, il faut comprendre les formes de management à la japonaise, etc.) ; elle transforme les structures de l'État-nation qui ont, du XVIIIe au XXe siècle, dominé l'Histoire (le père qui réside à l'Élysée ou à Matignon n'a plus les moyens de guérir les maladies de ses enfants, c'est dans l'ombre, à Bruxelles ou dans des conférences internationales encore plus mystérieuses, que s'élaborent les décisions). Pourtant, l'État-nation, avec les guerres meurtrières qu'il portait en son sein, peut-il sérieusement être considéré comme l'aboutissement souhaitable de l'organisation politique humaine ? La mondialisation enfin annonce aux yeux de certains l'alternative entre le chômage et la réduction du salaire ouvrier au niveau de celui du coolie chinois, une crainte démesurée si notre société sait s'adapter à la nouvelle donne.

L'immigrant, enfin, est-il l'ennemi que cherche à peindre Jean-Marie Le Pen ? Nullement. Les travaux sérieux des sociologues[3] ne montrent-ils pas que, maghrébins ou non, leur intégration se poursuit dans des conditions qui, en l'absence de chômage, seraient tout à fait satisfaisantes, comme permet de l'affirmer le taux élevé des mariages mixtes.

Pour moi, la cause est entendue : *au lieu de reporter ses craintes sur son environnement et d'en faire le bouc émissaire de ses malheurs, la société française doit chercher en elle-même l'origine de ses problèmes.* Elle est collectivement responsable des maux qui la secouent et l'empêchent de vivre dans la confiance et l'espoir le début du XXIe siècle.

Sous-estimant l'ampleur et surtout la nature des transformations en cours, elle tente de préserver « l'exception française » en se contentant d'adapter son modèle à la marge : des dépenses publiques modérées, des recrutements de fonctionnaires ralentis, une pression fiscale lentement croissante, une Sécurité sociale mieux contrôlée, une durée du travail réduite, des salaires et des coûts du travail maintenus, un âge de la retraite inchangé ou en baisse, et elle feint d'espérer que ces accommodements lui permettront de résorber le chômage, limiter l'exclusion, maintenir intact l'appareil d'État et soutenir la concurrence internationale... Un mirage plus qu'un espoir, qui risque de se terminer en cauchemar.

Le mal français est plus profond. Il est dans la conception de la fonction publique, dans la confusion du politique et de l'administratif, dans la sclérose de la représentation sociale, dans l'incompréhension du rôle

3. Voir E. TODD, *Le Destin des immigrés*, *op. cit.*

des prix, dans les modalités du système de prélèvements, dans les méthodes auxquelles il a recours pour combattre l'insécurité et l'inégalité. Il est dans la conviction partagée par la majorité de la nation que les valeurs fondamentales d'efficacité et de justice sociale ne peuvent pas être poursuivies grâce à d'autres instruments que ceux élaborés en France après la Seconde Guerre mondiale.

Pourtant, le futur n'est pas mort.

Réfléchir aux futurs possibles

Mais ne soyons pas naïfs. Michel Crozier a opportunément rappelé qu'*On ne change pas la société par décret*[4]. Nul président de la République ou Premier ministre ne pourra un jour décider que la France va changer de modèle. Aussi faut-il d'abord se placer en observateur extérieur et s'interroger, comme un prospectiviste, sur le devenir de la France dans le monde de demain.

Examinons d'abord un futur de *continuité*. La mise en place de l'euro s'effectue comme prévu et les gouvernements successifs veillent en conséquence à maintenir à un faible niveau les déficits publics. En revanche, aucune réforme de l'État n'est entreprise ni sur le plan de la réaffectation des ressources en fonction des nouveaux besoins de la société, ni en matière de réduction des coûts à service donné. Dans le secteur

4. M. Crozier, *On ne change pas la société par décret*, Paris, Grasset, coll. « Pluriel », 1979.

public sont faits de sérieux efforts de gestion, largement ruinés par l'absence de décisions stratégiques. Quant au secteur social, trois de ses branches doivent augmenter leurs dépenses pour des raisons profondes : la santé, les retraites et, compte tenu de l'inefficacité des politiques suivies, l'assistance aux chômeurs. Résultat, le taux des prélèvements obligatoires augmente lentement au grand désespoir des gouvernements. La pression fiscale suit évidemment la même courbe.

Pour combattre le chômage, la priorité est toujours donnée au partage de l'emploi, avec pour résultat une hausse relative du coût du travail non spécialisé qui maintient en France à un niveau élevé le chômage structurel, un chômage qui frappe toujours les jeunes mal formés et/ou issus de l'immigration. À cause du coût du travail et de la pression fiscale, les entreprises délaissent la France pour leurs investissements et tendent à alimenter le marché français à partir d'autres pays de l'Union européenne. Dès lors, la croissance française devient inférieure à celle de ses partenaires et un chômage « conjoncturel » s'ajoute au chômage de structure. La réduction de la croissance diminue les recettes de l'État tout en augmentant ses charges.

À l'intérieur des frontières, la confiance dans les élites continue à s'effriter, sans que soit pour autant comprise la cause des difficultés. L'exclusion sociale progresse et l'intégration des immigrés qui était en si bonne voie est compromise.

À l'extérieur, la France est perçue comme l'homme malade de l'Europe. Elle continue à prôner des politiques que nos partenaires trouvent anachroniques. Les initiatives françaises sont accueillies avec tristesse et ricanements. Même l'alliance franco-allemande en sort fortement ébranlée. Les rodomontades de nos présidents de la République ne changent rien à des faits que le monde entier peut constater. On ne peut d'ailleurs exclure que les rigidités de la France ne contraignent le pays à sortir de l'euro et à porter de ce fait un coup sérieux à la construction européenne, tout en subissant de plein fouet le choc en retour des marchés internationaux.

La continuité n'est évidemment pas la glaciation. Les gouvernements continueront à introduire des réformes, mais ils les feront avec retard, souvent à contre-courant et sans toucher à l'essentiel.

Ainsi, les privatisations, au lieu d'être une arme offensive, seront repoussées le plus longtemps possible et mettront sur le marché les actions de sociétés fragilisées par le report. La réduction de la durée du travail n'aura au mieux qu'un effet marginal sur l'emploi et détériorera la compétitivité internationale de la France sans résoudre le problème des travailleurs de faible compétence. Le sujet dangereux de la réforme de la fonction publique restera sous triple serrure au fond d'un coffre-fort...

Combien de temps pourrait continuer une telle trajectoire ? La réponse n'est pas facile. Certes, d'année en année, les coups de boutoir de l'extérieur deviendraient plus vigoureux. Le vieillissement contribuerait à gripper les rouages. Mais en l'absence de menaces précises comme dans les années 30, les incitations venues d'ailleurs resteraient insuffisantes si ne se constituait dans le pays un mouvement puissant de contestation. Plusieurs contestations toutefois sont concevables : une contestation nationale – populiste, xénophobe et anti-européenne, représentée dès aujourd'hui par le Front national ; rejetant la mondialisation, elle isolerait la France et n'apporterait aucune réponse aux problèmes engendrés par le modèle français ; une contestation égalitaire, exigeant partage et intervention de l'État et que semble incarner Sud ; elle inciterait les gouvernements à accentuer le bureaucratisme social et les rigidités et contribuerait à renforcer la crise qu'elle veut combattre ; une contestation prônant en France un libéralisme dur à l'américaine.

Si cette dernière contestation se révèle la plus vigoureuse, on peut imaginer un autre futur, en rupture avec celui de la continuité.

Un thatchérisme à la française, plus dur et plus primaire encore que son modèle britannique. Je le qualifierai d'*individualisme inégalitaire* pour éviter toute connotation politique précise. L'établissement de ce thatchérisme suppose à l'évidence l'arrivée au pouvoir d'une majorité libérale et sans états d'âme, prête à affronter des conflits sociaux longs et durs. Elle concentre l'État progressivement sur ses tâches essentielles en utilisant pleinement les possibilités des nouvelles technologies pour réduire les coûts de gestion. Elle multiplie les privatisations ou les concessions de service public octroyées sur appel d'offre. À la suite d'une longue grève, les fonctionnaires sous statut qui partent à la retraite sont partiellement remplacés par des contractuels. Les fonctionnaires perdent leur privilège de conserver leur poste pendant leur carrière politique. Le gouvernement ramène progressivement les prélèvements obligatoires à 45 % en abandonnant certains des services de l'État-protecteur comme par exemple les allocations familiales, une partie des aides aux chômeurs, le remboursement des médicaments sauf pour les plus pauvres. Les minima sociaux ne sont pas réévalués. Cette grande réforme des prélèvements permet de réduire le coût du travail peu spécialisé. La possibilité est donnée aux personnes âgées de retarder le moment de partir à la retraite. L'emploi se développe, le chômage tombe à 5 % et le taux de croissance se redresse, mais l'inégalité des revenus et des conditions s'accroît, laissant dans le pays un profond malaise en dépit de l'optimisme de la majorité au pouvoir.

À l'extérieur, la France retrouve son rôle au sein de l'Union européenne, car son économie se porte aussi bien que celles de ses voisins. Elle bénéficie comme elle des avantages de l'euro et les investissements étrangers ne dédaignent plus notre territoire.

Ce futur, nous l'avons sous les yeux en observant les États-Unis, quoique ce pays, compte tenu du problème noir et de la priorité donnée à la liberté sur l'égalité, se soit construit sur des bases très différentes de la France.

Pas plus que le précédent, ce futur n'est celui du meilleur des mondes. L'adaptation s'est faite dans la douleur. La nation se retrouve divisée contre elle-même. Un sentiment d'injustice et d'amertume règne dans de larges fractions de la société. De nombreux citoyens se détournent de la vie publique ou se rallient à un populisme d'extrême-droite ou d'extrême-gauche.

Ce futur est-il probable ? Il paraît à court terme peu vraisemblable, mais il pourrait apparaître à terme si les effets néfastes de la trajectoire de continuité débouchaient sur une réaction de rejet violente comme en Grande-Bretagne après la longue période de croissance lente de l'après-guerre. Et cette rupture, avec ses remèdes de cheval, laisserait dans la société française de multiples cicatrices et des plaies mal fermées.

Existe-t-il une troisième voie, celle d'une *nouvelle alliance entre l'État et la société civile*, une voie que certains baptiseront de *libéralisme à visage humain* et d'autres d'*aggiornamento solidaire* ? À chacun de croire ou non à sa vraisemblance, mais il est possible du moins de décrire un tel futur, dès lors que l'on suppose données deux conditions préalables, héroïques peut-être : une forte minorité de nos contemporains comprend en profondeur la genèse de la crise du modèle français et accepte progressivement les adaptations indispensables, mais elle se convainc aussi que l'aggiornamento n'implique pas, s'il est correctement géré, l'accroissement des inégalités. Elle reste attachée aux valeurs d'efficacité et de justice sociale qui sont à la base du modèle français, mais elle reconnaît l'archaïsme des instruments et admet que, dans un monde différent, les mêmes fins doivent être poursuivies à l'aide de moyens différents.

Dans ce futur, l'évolution se fait par étapes. Elle englobe une série de réformes concernant la fonction publique, le secteur public, les prélèvements obligatoires, le marché du travail, l'Éducation nationale.

Les fonctionnaires, s'ils sont élus au Parlement ou ministres, ne conservent que pendant cinq ans la possibilité de réintégrer la fonction publique. De même, s'ils partent dans une entreprise privée ou une association, ils sont rayés des cadres au bout de trois ans. Le statut des fonctionnaires est assoupli pour permettre des transferts d'un secteur à l'autre et des réductions d'effectifs lorsque nécessaire. Des départs à la retraite à divers âges sont possibles comme dans le statut des militaires de carrière (on remarquera au passage que l'armée est la seule composante de l'appareil d'État qui accepte les réformes la concernant et qui est par conséquent fidèle au pouvoir républicain).

Dans les services publics, l'État accorde des concessions à des opérateurs privés ou garde la majorité, mais dans ce cas il accepte que, pour l'aider à contrôler les coûts, d'autres actionnaires détiennent une participation minoritaire. Les nouveaux recrutés des entreprises publiques ne disposent d'une garantie d'emploi que sur une période limitée renouvelable.

Un élément essentiel est la réforme des prélèvements obligatoires, puisque cette réforme doit contribuer à rendre compatibles efficacité et justice sociale. Les charges sociales, qu'elles soient payées par l'entreprise ou les travailleurs, sont progressivement annulées sur les bas salaires, le manque à gagner étant reporté sur un ensemble de taxes, notamment une

TVA sociale et une écotaxe sur l'énergie [5]. En matière de dépenses, l'État s'efforce d'offrir des services de plus en plus personnalisés. Ainsi, les allocations familiales sont concentrées à partir du troisième enfant, réservées aux ménages à ressources modestes et en contrepartie augmentées. L'assurance-maladie continue à être réformée, les ménages ayant un certain revenu devant assurer eux-mêmes les petits risques.

En matière d'emploi, la durée du travail n'est pas réduite, l'accent étant mis sur le temps choisi. Des assouplissements permettent aux travailleurs de prolonger leur vie active s'ils le souhaitent, allégeant ainsi la charge des retraites. En contrepartie des allocations qu'ils reçoivent, il est demandé aux chômeurs d'assurer des services pour la collectivité. En échange d'une plus grande flexibilité des salaires, un complément socialisé de revenu est instauré.

À l'Éducation nationale, de nouvelles priorités sont définies : à l'école primaire, le nombre d'élèves par classe n'est pas diminué, mais des maîtres se consacrent au suivi individuel des élèves en difficulté et l'accent est mis sur l'intégration des immigrés ; à l'adolescence, des dispositions permettent aux jeunes révoltés contre l'école et la société d'être pris en main sur le double plan de la formation et de l'insertion par le travail. La conception du métier des enseignants du second degré et du premier cycle du supérieur est transformée : de transmetteurs de savoirs et de prestataires d'heures de cours, ils deviennent des

5. M. ALBERT, « Un nouveau chemin de l'Europe pour l'emploi », *Sociétal*, n° 15, janvier 1998.

éducateurs à temps plein. Le ministère de l'Éducation nationale est largement déconcentré par région. L'autonomie des établissements est accrue, les pouvoirs des chefs d'établissement augmentés.

Pour que cette trajectoire s'amorce, deux conditions sont à remplir :

— une prise de conscience par la majorité des Français de ce que signifient société d'information et mondialisation et des risques que fait courir à la collectivité la poursuite de la trajectoire de continuité ;

— des études poussées chiffrant, pour chaque thème, l'ampleur des réaffectations et les effets à en attendre, et proposant une chronologie pour qu'à chaque étape soit respecté le compromis entre efficacité et justice sociale.

Que peut-on espérer de telles réformes ? Une plus grande dispersion des coûts du travail, mais sans accroissement des écarts de revenus, une meilleure réponse aux nouvelles formes d'inégalités, une réduction du chômage et une bonne insertion des immigrés, une croissance plus soutenue avec tous les effets bénéfiques qu'elle entraîne, à l'extérieur enfin, une pleine utilisation des avantages de l'euro, une exploitation des retombées positives de la mondialisation, des marges de manœuvre accrues pour les gouvernements français.

Un futur utopique, enveloppé dans du papier rose ? Peut-être. En faire un programme ? Cela semble prématuré. Mais sans doute est-il possible de commencer à créer les conditions pour que la France puisse un jour s'engager sur cette voie.

Réconcilier la France avec l'avenir

Le résurrection de la France ne se fera pas en un jour. Le temps du labour n'est pas achevé et celui des semailles à peine commencé. Inutile d'élaborer déjà prématurément des programmes. Ils ne pourront qu'avorter tant que la réflexion n'aura pas permis à notre société d'élaborer un projet d'avenir tenant compte des réalités.

Aussi, en évoquant Descartes, et sans excès de modestie, je me bornerai à proposer, à la fin de ce livre, ce que l'on pourrait appeler des règles pour l'orientation de la réflexion.

Première règle : ne pas confondre les valeurs et les instruments. Dans le modèle français, ce ne sont pas les valeurs qui sont périmées, ce sont les instruments choisis pour poursuivre ces valeurs. La protection qu'offre la Sécurité sociale n'implique pas que des charges diverses accroissent de plus de 50 % le coût du travail de faible compétence. La garantie d'emploi dont bénéficient les fonctionnaires ne contribue pas en soi à une distribution moins inégale des conditions. Mondialisation et société d'information n'obligent pas les Français à devenir moins solidaires, à tolérer le développement de nouvelles formes d'inégalités, à opter entre d'une part l'efficacité et la croissance inégalitaire et d'autre part le déclin équitablement partagé. Une telle analyse est fausse, anachronique et délétère.

Dans le nouvel environnement qui est le nôtre, les propositions apparemment généreuses, et qui recueillent l'approbation de nombreux journalistes auxquels le métier ne laisse guère le temps de réfléchir, ont souvent des conséquences perverses qui se retournent contre les bénéficiaires apparents. La semaine de 35 heures appartient sans doute à cette catégorie. Mais qu'importe aux hommes politiques : ils ne seront plus au pouvoir lorsque se manifesteront les effets et ils pourront toujours se défendre en se protégeant derrière les conseils qui leur ont été donnés.

L'objectif premier est de réfléchir à ce que peut être au XXIe siècle une *économie de marché à vocation sociale*. Ce terme n'est pas une traduction de l'expression allemande de *Sozialmarktwirtschaft*, inventée par le SPD à la fin des années 40 dans le contexte d'une économie industrielle encore peu ouverte sur l'extérieur. Une économie de marché à vocation sociale se construit sur deux piliers : une adaptation à l'environnement dont l'État n'est pas exclu, la mise au point d'instruments de redistribution s'attaquant aux inégalités nouvelles et suscitant peu d'effets pervers.

D'où une deuxième proposition : ceux que l'on appelle, à tort ou à raison, les « intellectuels » et parmi lesquels j'inclurai les philosophes, les sociologues et les économistes ont une responsabilité particulière dans la période actuelle. C'est à eux de suggérer le cadre d'un nouveau modèle, comme l'ont fait les penseurs socialistes des années 30. C'est à eux de proposer des instruments nouveaux réconciliant justice et efficacité. Il ne suffit pas en effet de clamer les vertus – incontestables – du marché pour définir un modèle social pour le XXIe siècle. Il existe des responsabilités publiques à l'échelle des nations de l'Europe et du monde et il faut se demander comment les assumer demain. Mais les « intellectuels » doivent se comporter comme des professionnels.

Énoncer des principes ne suffira pas. Les économistes, par exemple, doivent vérifier que les voies proposées sont compatibles avec le système des prix et l'équilibre des comptes publics. Une tâche autrement plus difficile que celle qui consiste à aligner des équations économétriques pour en tirer des conjectures douteuses. La pensée doit avoir le contrôle de la technique et non l'inverse.

N'attendons pas des partis politiques d'être porteurs de solutions qui ne sont pas dans l'air du temps. Autant on peut leur faire confiance pour transformer en mesures concrètes des propositions intériorisées par la société, autant ils sont mal placés pour dégager seuls des voies nouvelles, compte tenu des contraintes qui sont les leurs dans un système démocratique. Quant aux journalistes, ils doivent apporter leur contribution au débat en se libérant de l'instantanéité et de l'opinion commune et en n'oubliant pas que leur culture générale étendue a aussi pour contrepartie une méconnaissance des mécanismes économiques profonds.

La troisième règle est de ne jamais oublier que l'importance des technologies de l'information réside moins dans le feu d'artifice des innovations que dans leurs conséquences économiques, sociales et politiques. Se rappeler à tout moment que l'entrée dans la société d'information implique des bouleversements des prix relatifs des divers biens et services de travail est devenu un impératif. Si, pour des raisons institutionnelles, des prix ne s'adaptent pas à la baisse, des ressources inemployées vont apparaître à une échelle massive. Et les incantations morales n'y font rien. Que pensons-nous aujourd'hui des efforts faits pour sauver la marine à voile, faciliter le retour à la terre, empêcher la fermeture des houillères du Centre-Midi, retarder l'arrachage des vignes ?... Le rouleau compresseur des changements technologiques a écrasé ces espérances qui se résument désormais à des anecdotes de l'Histoire. On ne sauvera pas le chemin de fer en maintenant ses effectifs, mais en lui donnant les moyens d'accroître son efficacité sur les créneaux où il a un avenir. Face aux technologies de l'information, mirage et refus sont deux attitudes aussi stériles l'une que l'autre, la conjonction des deux que l'on observe parfois atteignant le comble du ridicule[6].

En parallèle, et ce sera la quatrième règle, il faut comprendre que la mondialisation est un phénomène d'une autre ampleur que la simple importation en provenance de pays à bas salaires. Elle met en contact 300 millions d'Européens et six milliards d'êtres humains. Sur le plan économique, elle sera largement bénéfique pour peu que l'on corrige certains de ses effets sur la distribution des revenus. Plutôt que de

---

6. Que l'on pense au premier plan d'informatisation de l'Éducation nationale.

s'enfermer dans le mirage d'un protectionnisme salvateur et de regretter les contraintes qu'imposent à la France l'Union européenne et l'OMC, mieux vaudrait réfléchir à l'instauration de mécanismes internes permettant à tous de profiter de cette mondialisation.

Mais, au-delà de l'économie, la mondialisation transforme les États, multiplie les acteurs transnationaux, fait émerger des problèmes d'environnement à l'échelle de la planète. Ne nous y trompons pas : l'État français va lutter, toutes griffes dehors, pour ne pas s'adapter à la mondialisation ; la technostructure des élites politico-administratives se défendra, au nom de l'indépendance nationale, pour conserver ses prérogatives. Quiconque a suivi les négociations de Maastricht et d'Amsterdam a pu voir comment le gouvernement français et d'autres, d'ailleurs, ont largement concédé l'accessoire en glissant çà et là les petites phrases qui réservaient le principal. Il faut cesser d'entrer à reculons dans la mondialisation, élaborer un projet d'avenir pour l'Union européenne[7], donner un contenu à la PESC, la Politique européenne de sécurité commune, continuer dans la voie, ouverte à Kyoto, d'une présence active sur les problèmes d'environnement globaux.

Pourtant, il ne sert à rien de comprendre la portée des technologies de l'information et de la

---

7. Il y aurait un pamphlet à écrire sur la politique européenne de la France dans les dernières années. Tout se passe comme si la France voulait contribuer à la construction d'une Europe germano-britannique où elle serait marginalisée.

mondialisation si l'on ne reconnaît pas que le modèle auquel sont attachés la plupart des Français – un modèle qui a eu sa grandeur et son efficacité – ne constitue plus une bonne réponse aux problèmes d'aujourd'hui et de demain. Peut-être est-ce la règle la plus difficile à appliquer, car le modèle est dans les têtes et c'est inconsciemment que nous nous y référons le plus souvent. Pensons à juin 40 : le général qui disperse ses chars en appui de l'infanterie [8] ne fait que mettre en pratique ce qui est pour lui une évidence. Il ne peut agir autrement. Martine Aubry, qui veut créer des métiers de la fonction publique, ne peut l'envisager qu'avec des échelles, des indices, des conditions d'accès, des certifications de compétence. Agir autrement serait sortir du cadre intellectuel dans lequel sa carrière s'est déroulée. Alain Juppé, lorsqu'il amorce une réforme du système de santé, raisonne essentiellement en termes budgétaires. Concevoir des transformations plus profondes serait remettre en cause ce qu'il a appris à Sciences Po et à l'ENA. Le même constat pourrait être fait à propos d'autres ministres, de syndicalistes, de philosophes. L'armée de 1939 est entrée en guerre sur la base d'une maxime chère à Philippe Pétain : « Le feu tue. » On sait ce qu'il en est advenu. À chacun de proposer la phrase qui pourrait servir de devise à la défense du modèle français : « le refus », « maintenir », « vive l'exception française ». Pauvre Astérix qui n'a plus sa potion.

Aussi – sixième règle –, tant que n'est pas achevée notre cure de désintoxication, nous devons nous

---

8. Comme ce fut le cas pour la 3e DCR (division cuirassée).

méfier des solutions que, par réflexe, nous envisageons pour résoudre nos problèmes. Il y a de fortes chances que les premières propositions soient perverses parce qu'elles se réfèrent implicitement au modèle d'hier et envisagent par exemple l'intervention d'un État parfait capable d'assumer n'importe quelle fonction. Il faut au contraire s'interroger sur les causes de chaque problème et réfléchir aux mécanismes susceptibles de le résoudre dans le contexte de demain, en infléchissant le comportement des acteurs sans intervention directe de l'État. Une telle hygiène intellectuelle est difficile à respecter, mais indispensable à notre rééducation.

La dernière règle va de soi : si l'on est un leader d'opinion et si l'on est convaincu des quelques évidences que souligne ce livre, il faut expliquer en toute occasion, sans se lasser et avec les mots qui conviennent à chacun, les causes de la crise que traverse la société française. Cette crise, il ne dépend que d'elle de la surmonter.

Comme dans les années 30, la France est en déclin, un déclin plus rapide et plus grave que celui qu'impose la baisse de sa part dans la population mondiale. Espérons que Lionel Jospin et Jacques Chirac, prisonniers de leur époque, ne feront pas penser demain à ces deux hommes courageux que furent Léon Blum et Édouard Daladier, le premier qui crut apporter la paix sociale au pays avec la semaine de quarante heures et le second qui tenta de montrer la puissance de l'Empire en faisant à bord du croiseur *Gloire* un voyage triomphal en Tunisie.

TABLE

Imprimé en France par la Société Nouvelle Firmin-Didot
Dépôt légal : avril 1998
N° d'édition : 7381-0614-1 - N° d'impression : 43665